En Su Presencia

Lo Tenemos Todo

———————————

Dra. Holly L. Noe

Las referencias Bíblicas incluidas en este libro corresponden a la versión Reina Valera 1960 Edición en Español, traducida del inglés al Español y editada:

Rev. Margaret del Orbe

Deeper Life Press

ENDOSOS

El nuevo libro del Dr. Holly Noe "En su Presencia-Lo Tenemos Todo"

Es un viaje a la profundidad de la presencia de Dios. La Dra. Holly intenta hacer una crónica de sus años persiguiendo apasionadamente los atrios del Señor. Para aquellos que están desesperadamente hambrientos de más de Dios, este libro es verdaderamente una lectura obligatoria. En estos últimos días, Dios está buscando ansiosamente a aquellos que quieren más de Dios y no solo las bendiciones que Él puede dar, porque solo a ellos les revelará Su presencia manifiesta. Recomiendo encarecidamente cualquier libro que escriba la Dra. Holly Noe, ya que recibirá una implacable instrucción que durará toda la vida.

Steve Porter

Deeper Life Press
Editor

Fuego, pasión y presencia de Dios son las características del ministerio de Dr.Holly L. Noe. La simbiosis de una Iglesia y las señales que acompañan a una guerrera del Reino de Dios han traído un avivamiento que no se detiene y va en aumento. He viajado con Holly por las carreteras de Guatemala y los Estados Unidos y todo el tiempo las señales son las mismas, fuego del Espíritu y pasión por la presencia de Dios. Ella llegó a nuestra iglesia hace tres años con las señales como un rotundo respaldo de Dios, sanidades, bautismos en El Espíritu Santo, dones, transformaciones y la multiplicación exponencial del crecimiento de la iglesia.

Sin duda, Holly y Dios caminan juntos. Después de tres años, es inevitable llegar a la conclusión que Holly tiene muy claro la razón y propósito de su vida y existencia. Como iglesia contamos con su grata visita dos y hasta tres veces al año, y cada vez nos sorprende con una palabra fresca y sanadora. Fielmente hace entrega de los aportes económicos de iglesias, pastores y líderes que contribuyen con el Centro de Avivamiento en Guatemala. Dra. Holly Noe ha cambiado nuestra manera de ser iglesia, nos ha llevado a nuevas realidades espirituales, nos ha enseñado asumir retos de toda clase, creyendo que lo imposible ya no es un problema. No es una casualidad llegar a 50 años en servicio activo para Jesús, es un milagro, una proeza, y la demostración de que los héroes de la fe aún caminan con Dios en esta tierra.

Pastor Hector Barillas
Centro de Avivamiento de Guatemala

A Ha sido un placer y una bendición traducir este libro, cuya autora, la Dra. Holly Noe, ha sido mi amiga por muchos años. Este libro es un manual para llevarnos más allá de la rutina eclesiástica hacia el deleite de vivir continuamente en la presencia de Dios; nos remueve de tal manera que la religión deja de satisfacernos, y nos empuja a desear más de Dios. Holly no solamente escribe sobre la presencia de Dios sino que vive y respira en ella. Recomiendo la lectura del libro porque después de leerlo, estoy segura que usted dirá como dice mi amiga Lois Dietrich, *"¡No quiero más iglesias muertas!"*

Rev. Margaret G. del Orbe
Traductora de la edición en español

A menudo se dice que la manzana nunca cae demasiado lejos del árbol, y el contenido de este libro sigue muy de acuerdo con lo que se dice. La Dra. Holly

Noe, como el apóstol Pablo, ha dedicado su vida a conocer a Dios. Su pasión por crecer en el conocimiento de Dios le ha hecho vivir y experimentar la presencia misma de Dios. Este libro nos llevará en un viaje que nos alejará de la teoría de su presencia a la realidad de la presencia de Dios. Este libro sin duda transformará la vida de los lectores y los despertará a la realidad de que todo lo que necesitamos lo encontramos verdaderamente en la presencia de Dios, y ahí, nuestra búsqueda ha terminado

Pastor Glenn J. Wilson
Pastor Principal del Centro de Restauración Familiar de Adoración
Howell, Nueva Jersey

Son más de treinta años que conozco a Dra.Holly L. Noe: la he admirado como misionera, como predicadora y como testimonio de milagros. No es fácil resumir en pocas palabras lo más sobresaliente de esta sierva de Dios. Ella tiene una unción para enseñar ministros que la única forma que una persona puede encender la llama del avivamiento, es muriendo al yo. Sus 50 años de ministerio y más de 23 anos como misionera en Guatemala es una muestra de su fidelidad para con Dios. Entre sus obras cuentan misiones, iglesias, una escuela elementaría, y en este tiempo un Centro del Avivamiento con una cosecha y crecimiento que siga aumentando. Este libro nos llevará a conocer más profundamente la Presencia Manifiesta de Dios e inspirará al lector a buscar a Dios con un mayor deseo de tener un encuentro fresco con el Espíritu Santo.

Rev, Manuel Alvarez
Superintendente del Distrito Hispano del Este –
Asambleas de Dios

La Iglesia ha anhelado que la Presencia de Dios se manifieste. Este libro es una inspiración para aquellos que buscan algo más que la vida cristiana básica habitual. Cuando nos profundizamos más en lo que Dios tiene para nosotros, podemos crecer en lo que Él realmente ha planeado para nuestras vidas. La Dra. Holly Noe ha aprendido a aprovechar esta energía de avivamiento en su nuevo libro. Recomiendo este libro a todos aquellos que buscan más de Dios en sus vidas.

Dr. Paul J. Forti
Canciller de Grace Christian College y Seminario Teológico,
Lorus, South Carolina

He tenido el honor de conocer a la Dra. Holly Noe durante unos veinte años. He sido bendecida al unirme a su equipo en algunos de sus viajes de misión bianuales a Guatemala. Holly es una increíble mujer de Dios con una fe y una determinación que son muy raras y preciosas. Cuando ella ministra en mi iglesia, su deseo es que cada persona tenga un encuentro profundo con Dios, inspirándola a vivir con una conciencia aguda de Su presencia. Que su vida se convierta en Su vida al leer este libro, para que puedas decir como el apóstol Pablo: "Ya no soy yo quien vive, sino Cristo quien vive dentro de mí".

Pastor Joe Roberts
Ministerios del Espíritu y de la Vida
Passaic, NJ

CONTENIDO

CONTENIDO

PARTE I:

ADORACION – PUERTA HACIA SU PRESENCIA

CAPÍTULO 1

ADORACIÓN, MÁS QUE MERAS PALABRAS

"Mas la hora viene, y ahora es, cuando los verdaderos adoradores adorarán al Padre en espíritu y en verdad; porque también el Padre tales adoradores busca que le adoren."

Juan 4:23

¿Qué es adoración? ¿Cantar un himno de adoración? ¿Asistir a un servicio de adoración en la iglesia? Adoración es algo más que un canto. No es un deber impuesto. ¡Tal cosa sería religión! La verdadera adoración prepara el ambiente para que la presencia real de Dios se manifieste. La adoración genuina es algo más que alabanza. La alabanza es buena, pero la adoración es mejor. Alabanza es dar gracias a Dios por todo lo que Él ha hecho en nuestras vidas. Cuando alguien hace algo por uno, lo más correcto es decir *"Gracias"* Cuando alabamos al Señor le estamos dando las gracias. Cuando lo adoramos, subimos a un nivel superior. Estamos amando a Dios por quién es Él, y no por lo que Él hace. Le expresamos amor y devoción diciéndole: "Eres Maravilloso, Hermoso, eres mi Amigo, mi Salvador, mi Todo." Uno no puede verdaderamente adorarlo si no tiene una relación con Él. La adoración demanda compromiso. La alabanza es como el compromiso durante el noviazgo, pero la adoración es como el matrimonio. Hay bendiciones en el matrimonio que no existen en el noviazgo. En el matrimonio hay intimidad. La adoración surge de una vida que adora. Nosotros lo adoramos cuando vivimos para Él, cuando le obedecemos, cuando nos dejamos guiar por Él. La alabanza se puede expresar verbalmente, pero la verdadera adoración significa darnos plenamente al Señor.

Si usted se ha dado cuenta, es durante esos momentos de profunda adoración cuando Dios manifiesta Su Presencia. Durante los cantos de alabanza hay mucha emoción, gozo y ritmo, pero a menudo, durante la adoración hay quietud, reverencia y lágrimas cuando el Espíritu Santo toca la parte más íntima de nuestro ser trayendo convicción y cambio, a medida que nosotros le expresamos nuestro amor y cariño. En la alabanza uno se siente conmovido y bendecido, y se siente contento. Pero, durante la adoración, tocamos a Dios y lo bendecimos. En la adoración Él es el centro y todo es para Él. La adoración no es únicamente para cuando estamos en la iglesia. No le podemos poner hora a la adoración. Recuerde, no importa dónde, cómo, o cuándo, Dios espera que nuestra adoración salga de nuestro espíritu. Cuando usted lo adore en espíritu y en verdad, no tendrá que estar saliendo y entrando de nuevo a Su Presencia, sino que el Espíritu Santo le enseñará a vivir en la Presencia del Señor. Dios nos llama constantemente a que permitamos que el fuego del Espíritu Santo sople en la adoración.

¡EN SU PRESENCIA LO TENEMOS TODO!

CAPÍTULO 2

TRANSFORMADOS EN SU PRESENCIA

"Por cuanto, nosotros todos, mirando a cara
descubierta como en un espejo la gloria del
Señor, somos transformados de gloria en gloria
en la misma imagen, como por el Espíritu del
Señor."

II Corintios 3:18

La Presencia de Dios ha logrado en mi vida lo que años de esfuerzos propios nunca pudieron realizar. Durante años oraron por mí y maravillosos siervos de Dios me ungieron , pero no fue hasta que tuve un nuevo encuentro con el Espíritu Santo, cuando comencé a vivir en Su Presencia, y no solamente entrando y saliendo de ella, entonces empecé a ver una transformación supernatural en todas las áreas de mi vida. La adoración me condujo hasta Su Presencia, cambió mi endurecido corazón, y creó en mí una pasión por Su Presencia. Esa Presencia me ha llevado a un nivel de espiritualidad y madurez que jamás habría podido alcanzar a través de amigos, maestros, grados de educación o de teología. La adoración me conduce a la Presencia de Dios, y trae la Presencia de Dios a mi vida.

Los cambios se producen cuando entramos en Su Presencia. La adoración nos permite entrar y contemplar a Dios, y experimentar cuan maravilloso es Él. Pablo dice que vemos la Gloria de Dios como a través de un espejo. ¿Quién no sería cambiado al contemplar el reflejo de la Gloria de Dios? Cuanto más tiempo pasemos en Su Presencia, tanto más nos pareceremos a Él. Cuando Jesús anduvo sobre esta tierra, era un reflejo de la Gloria de Dios. Él mostró quién es Dios. Nos toca a nosotros mostrar quién es Dios. El mundo debería poder mirarnos en nuestras vidas cotidianas y en nuestras relaciones y ver un reflejo de quién Dios es. Eso le hablaría a cualquier incrédulo más contundentemente que cualquier tratado o pieza de literatura. Mi espiritualidad no se mide por de mis buenas obras o por mi manera impresionante de predicar, sino más bien porque la gente pueda ver cuánto tiempo he pasado en la Presencia de Dios. Esa evidencia iría más allá que cualquier palabra. Es más, uno daría un poderoso e ungido mensaje cuando Su Presencia emanara de nuestro ser y especialmente de nuestro carácter. Usted cambiará en Su Presencia y tendrá el fuego de Dios en su vida.

¡EN SU PRESENCIA LO TENEMOS TODO!

CAPÍTULO 3

ENTRANDO EN SU PRESENCIA

"Servid a jehová con alegría; venid ante su presencia con regocijo. Reconoced que Jehová es Dios; él nos hizo y no nosotros a nosotros mismos. Pueblo suyo somos y ovejas de sus prados. Entrad por sus puertas con acción de gracias, por sus atrios con alabanza. Alabadle, bendecid su nombre."

Salmos 100:2-4

Debería ser algo natural en todo cristiano tener deseo de acercarse a Dios y estar en Su Presencia. Es imposible hablar de *adoración* sin hablar de Su Presencia. Y cuando hablamos de *"entrar en Su Presencia,"* la adoración es una parte muy importante del proceso. De la misma manera, cuando hablamos de acercarnos a Dios, nos estamos refiriendo a Su Presencia manifestada en nuestras vidas.

Por lo tanto, ¿Cuál es el método apropiado para entrar en la Presencia de Dios, ya sea en la congregación o individualmente? Es importante que recordemos que al hablar de entrar en Su Presencia, existen varias manifestaciones de Su Presencia. Hay por lo menos tres niveles. Primero, recordar que Dios es omnipresente, o sea que está en todas partes. Esta es una manera muy general de referirnos a la Presencia de Dios. Segundo, basado en las Escrituras, según dice Mateo 18:20 *"Donde hay dos o tres reunidos en mi nombre, yo estoy en medio de ellos."* Y tercero, está en 2 Crónicas 5:13-14: *"Cuando sonaban las trompetas, y cantaban todos a una, para alabar y dar gracias a Jehová, y a medida que alzaban la voz con trompetas y címbalos y otros instrumentos de música, y alababan a Jehová, diciendo: Porque él es bueno, porque su misericordia es para siempre; entonces la casa se llenó de una nube, la casa de Jehová. Y no podían los sacerdotes estar allí para ministrar, por causa de la nube; porque la Gloria de Jehová había llenado la casa de Dios."*

Esta fue una manifestación muy especial de la Presencia de Dios. La nube de Gloria llenó el templo de Salomón cuando los cantores y los músicos elevaron sus corazones en adoración a Dios. La nube de gloria es la Presencia de Dios. La nube llenó el templo de tal manera que los ministros no pudieron sostenerse en pie. Esta manifestación de la Presencia de Dios, aunque muy poderosa e impactante, no es la "norma." No obstante, si la iglesia aprendiese a adorar a Dios en lugar de adorar canciones y demás programas, yo creo que experimentaríamos más reuniones donde la Presencia de Dios se manifestaría en cada servicio.

Cuando la Gloria bajó al templo de Salomón, lo que sucedió fue que todos estaban completamente enfocados en Su Presencia. Adoremos al Señor en unidad de propósito, contemplando o enfocándonos únicamente en la Presencia de Dios. ¡No importa si Él baja o no en una nube; lo importante es QUE BAJE! Ruth Heflin dijo: *"Alabe a Dios hasta que un espíritu de adoración descienda, y siga adorando hasta que la Gloria llene la casa."*

¡EN SU PRESENCIA LO TENEMOS TODO!

CAPÍTULO 4

EL MODELO BIBLICO DE ADORACION

**"Lleguemos ante su presencia con alabanza;
Aclamémosle con cánticos."**

Salmo 95:2

**"Dad a Jehová la honra debida a su nombre;
Traed ofrendas y venid a sus atrios."**

Salmo 96:8

¿Habrá alguna fórmula para la alabanza y la adoración en la congregación o en los devocionales personales? Cuando creamos una formula, inmediatamente establecemos un sistema de rigidez. En mis cincuenta años de ministerio he observado una variedad de formas en los servicios de alabanza y adoración, y he sido testigo de las buenas y de las malas. Hay muchas costumbres en vida diaria que se incorporan en la adoración, y tenemos que dejar que Dios nos guíe en el aspecto exterior concerniente a himnos de ritmo rápido o lento, o cantos de alabanza y adoración de movimiento lento y profundo. Dios no es un Dios monótono y aburrido. Dios es un Dios de multiplicidad, colorido, con variedad e individualidad. Simplemente, fíjese en la naturaleza, en el mundo que nos rodea, especialmente aquí en los Estados Unidos, durante el otoño las hojas de los árboles se convierten en un calidoscopio de colores. Piense en la creatividad de Dios con la nieve; cada uno de los copos tiene un diferente diseño.

Yo creo que el líder de la alabanza tiene la responsabilidad de guiar a la congregación a la Presencia de Dios. También puedo decir que él o ella necesitan una unción especial para introducir la manifestación de la Presencia de Dios.

También es de suma importancia que el director de la alabanza tenga una íntima relación con el Espíritu Santo, una vida de oración, y que sepa cómo ser guiado en la selección de la música y de los himnos que se utilizarán en el servicio. El grupo que trabaje con el director debe estar compuesto de creyentes realmente dedicados y unidos al líder con el mismo propósito de introducir la Presencia de Dios. Al utilizar música con bellos sonidos y palabras aunque sencillas, el corazón se elevará. Nos hemos desviado del camino que lleva a la Presencia cuando pensamos que lo importante es la canción, o un cierto ritmo o estilo musical. ¡Lo importante ES ÉL! Si Dios hubiese tenido alguna fórmula para adorar, Él nos la hubiese indicado en su Palabra. Jesús lo dijo bien claro que no se trata de métodos y rituales, sino del Espíritu. Él dijo en Juan 4:23-24

"Más la hora viene, y ahora es, cuando los verdaderos adoradores adorarán al Padre en espíritu y en

verdad; porque también el Padre tales adoradores busca que le adoren. Dios es espíritu; y los que le adoran, en espíritu y en verdad es necesario que le adoren."

¡EN SU PRESENCIA LO TENEMOS TODO!

CAPÍTULO 5

MI RESPONSABILIDAD EN LA ADORACIÓN

"Porque no quieres sacrificio, que yo lo daría; no quieres holocausto. Los sacrificios de Dios son un espíritu quebrantado; el corazón contrito y humillado no lo despreciarás tú, oh Dios."

Salmo 51:15-17

Aunque la ley de Moisés en el Antiguo Testamento demandaba sacrificios de animales, el Señor indicó claramente en el libro de los Salmos que Él no quería solamente sacrificios de animales, sino quería el corazón también. Aunque estando bajo el Antiguo Pacto, David, inspirado por el Espíritu Santo, escribió los versículos anteriores. No sería un sacrificio si no nos costara algo. En el

Antiguo Testamento, el sacrificio requería la muerte de un animal. En el Nuevo Testamento, el termino sacrificio requiere que el creyente muera a su propio yo, a la comodidad, a los deseos carnales, y hasta a los buenos deseos cuando así lo demande el Señor.

Me gustaría darle algunos ejemplos de lo que es "un sacrificio de alabanza."

Alabar al Señor a pesar de estar preocupado y cansado a causa de un itinerario agitado, eso es un sacrificio de energía. Cuando uno levanta sus manos, y verdaderamente entra en la Presencia, está bendiciendo a Dios con el corazón, el alma, la mente, y con todas sus fuerzas.

El precio que uno paga cuando se prepara para presentarse delante del Señor con un corazón puro y una mente decidida a seguir la disciplina espiritual de santidad con el fin de ser libre en la Presencia de Dios, eso es un sacrificio de alabanza. El Salmo 24:3-4 lo dice claramente: *"¿Quién subirá al monte de Jehová? ¿Y quién estará en su lugar santo? El limpio de manos y puro de corazón; el que no ha elevado su alma a cosas vanas, ni jurado con engaño.*" Del adorador se requiere que purifique su corazón a través del arrepentimiento.

El precio que uno paga dando de su tiempo, eso es un sacrificio de alabanza. Los creyentes de la actualidad están muy listos a conformarse con una *"experiencia"* que tuvieron en la iglesia cuando sintieron a Dios, en lugar de perseverar entregándose diariamente en la adoración, pasando tiempo con el Señor. Es nuestra responsabilidad de acercarnos al Señor diariamente ofreciendo nuestro tiempo y energía, buscándolo y desarrollando una relación de intimidad, con lo cual estaremos viviendo en su Presencia en lugar de únicamente hacerle una visita. Cuando el único motivo que nos mueve a alabarle y adorarle es el de *"vivir en su Presencia,"* eso es entonces un sacrificio de alabanza y de adoración.

Dios está buscando a ADORADORES A TIEMPO COMPLETO. ¿Es usted uno de ellos?

¡EN SU PRESENCIA LO TENEMOS TODO!

CAPÍTULO 6

LA NECESIDAD DE BUSCAR A DIOS

"Los leoncillos necesitan, y tienen hambre; pero los que buscan a Jehová no tendrán necesidad de ningún bien."

Salmo 34:10

Dios es la fuente de todo lo que el creyente necesita. Tenemos TODO en Su Presencia. La meta lógica de cada creyente debería ser *"no solamente asistiré a la iglesia"* o *"me haré miembro, pero buscaré ardiente y fervientemente al Señor."* Llevo 50 años ministrando y 51 años de convertida, y honestamente puedo decir que cuanto más vivo por Dios y hago Su trabajo, más reconozco mi necesidad de *"vivir en su presencia"*. Eso, por supuesto, solo sucede, no por trabajar para Él, sino buscándolo.

El deseo de buscar a Dios y el de vivir en Su Presencia, no es algo natural e nosotros, no es automático. Dios no nos creó de esa manera, sino que Dios quiere que seamos nosotros los que elijamos desearlo y buscarlo. Él desea la comunión con los que lo aman, así que nos dio la opción al crearnos, de buscar o no buscar Su presencia; lo mismo que nos dió la opción de peca o de no pecar. Él no nos hizo personas robóticas. Cuando nosotros, por nuestra propia voluntad, decidimos buscarlo, esto realmente es significativo para Él, lo bendice y le produce gozo

Cuando tomamos en serio el asunto de *buscar a Dios,* el tiempo y la energía requeridos no son importantes. Lo buscamos sin importar el costo, y lo consideramos un privilegio. ***"Buscad a Jehová y su poder, buscad siempre su rostro."*** Salmo 105:4

El énfasis aquí está en la continuidad. Una relación temporal puede ser dolorosa. Dios está buscando relaciones duraderas. Buscar al Señor no debería ser solamente para el domingo, sino una búsqueda continua con el propósito de una relación de por vida.

En el tiempo del Antiguo Testamento las personas peregrinaban a Jerusalén para las fiestas. Es desafortunado que haya muchos cristianos siguiendo el mismo ejemplo, y solamente busquen a Dios en Navidad o Pascua. Pero buscar al Señor es algo que debemos hacer todos los días, en nuestros hogares, oficinas, escuelas y negocios. Busque Su rostro en todo momento. Si realmente lo amamos, querremos estar con Él, pasar tiempo en Su Presencia hasta el final de los tiempos, y luego pasar la eternidad con Él.

¿Por qué no empezaría usted hoy a hacer de Dios la razón de su existencia?

¡EN SU PRESENCIA LO TENEMOS TODO!

CAPÍTULO 7

ELEMENTOS DE ADORACIÓN

"Entonces mandó Ezequías sacrificar el holocausto en el altar; y cuando comenzó el holocausto, comenzó también el cántico de Jehová, con las trompetas y los instrumentos de David el rey de Israel.
Y toda la multitud adoraba, y los cantores cantaban, y los trompeteros sonaban las trompetas; todo esto duró hasta consumirse el holocausto. Cuando acabaron de ofrecer, se inclinó el rey, y todos los que con él estaban, y adoraron.
Entonces el rey Ezequías y los príncipes dijeron a los levitas que alabasen a Jehová con las palabras de David y de Asaf vidente; y ellos alabaron con gran alegría, y se inclinaron y adoraron."

2 Crónicas 29:27-30

Después de la muerte de Acaz, Ezequías a la edad de veinticinco años comenzó a reinar. Hasta ese punto, bajo el reino impío de su padre, toda la adoración en el templo había cesado, y el templo no era más que un edificio de almacenamiento para el rey. Ezequías, cuyo mentor era Isaías, volvió a abrir las puertas de la casa del Señor.

La primera orden de servicio de Ezequías fue instruir a los sacerdotes para que comenzaran a adorar de nuevo por todo Israel, e iniciaran una limpieza a fondo de la casa del Señor. También proveyó para que derritiesen todos los vasos del Señor y les dieran nueva forma.

Después de que todos los utensilios para la adoración , incluyendo al altar de bronce, el lavatorio del patio exterior, el candelero, la mesa de los panes, y el incienso del lugar santo, fueron completamente limpios y restaurados, Ezequías hizo un llamado a la adoración a toda la congregación.

Qué glorioso fue ese día cuando Ezequías restauró en Israel la adoración jubilosa.

Yo creo que lo que dijo Judson Cornwall es muy apropiado aquí: *"La restauración comenzó cuando se restablecieron los elementos de adoración, el realizar que sin los canales de adoración, ni los sacerdotes ni el pueblo hubiesen podido encontrar el camino a Dios, o la manera de expresar su adoración a Dios. Los utensilios no eran un mero ritual, eran canales para comunicar la adoración a Dios."*

Sencillamente nos estamos refiriendo a las actitudes del corazón cuando buscamos al Señor. En la adoración debemos entregarnos, vaciar nuestro ser y depositar todo a sus pies. Cuando adoramos de esa manera, ofrecemos nuestro agradecimiento, nuestra alabanza y adoración a Aquel a quién se lo debemos todo.

Yo creo que el Antiguo Testamento nos ha dejado el ejemplo de que la adoración es también la ofrenda de algo tangible para el Señor, tal como la construcción de altares, y la manera como se estableció un elaborado ritual del tabernáculo revelando el protocolo establecido. Lo que ellos estaban haciendo era interpretar los sentimientos del corazón de una manera tangible, presentando evidencias tangibles al Señor. Hasta Jesús animó a que se usaran elementos de adoración al instituir la Santa Cena, y El Padre Nuestro. Lo que Jesús condenaba era el énfasis exagerado en las prácticas de adoración. Reitero, es la actitud del corazón, y no solamente el ritual, lo que realmente significa adorar a Aquel quién es digno de adoración.

¡EN SU PRESENCIA LO TENEMOS TODO

CAPÍTULO 8

ADORACIÓN A TRAVÉS DEL QUEBRANTAMIENTO Y LA HUMILDAD

"Y estando detrás de él a sus pies, llorando, comenzó a regar con lágrimas sus pies, y los enjugaba con sus cabellos; y besaba sus pies, y los ungía con el perfume. "

Lucas 7:38

En el capítulo 7, Lucas nos cuenta la posibilidad que tienen las personas corrientes de ofrecer una adoración suntuosa al Señor. Esta historia se centra tanto en Simón como en la mujer. Note el contraste entre la prostituta arrepentida y el líder religioso que se sentía importante. Simón se olvidó de que él también era un pecador que necesitaba la gracia de Dios tanto como los demás.

Esta mujer sabía que los fariseos la miraban con desprecio y la odiaban, pero la gran revelación que ella tenía del amor de Jesús le hizo olvidarse de lo que los demás pensaban de ella. Algo en el corazón de esta mujer nos muestra la verdadera naturaleza de la adoración. *"Amarás al Señor tu Dios con todo tu corazón, y con toda tu alma, y con toda tu mente y con todas tus fuerzas..."* Marcos 12:30

La mujer que nos brinda este ejemplo suntuoso de adoración, ni siquiera sabemos su nombre. Lucas sencillamente se refiere a ella como *"una pecadora"* la cual trajo un frasco de alabastro con perfume, "y *estando detrás de él a sus pies, llorando, comenzó a regar con lágrimas sus pies, y los enjugaba con sus cabellos; y besaba sus pies, y los ungía con el perfume."* (Lucas 7:38)

"Pero estando él en Betania, en casa de Simón el leproso, y sentado a la mesa, vino una mujer con

un vaso de alabastro de perfume de nardo puro de mucho precio; y quebrando el vaso de alabastro, se lo derramó en su cabeza."

En Marcos 14:3 encontramos otro detalle muy importante. Ella "QUEBRÓ" el vaso de alabastro. Este es un detalle muy importante porque muestra que ella cedió el control y suntuosamente expresó su adoración. Si abrimos la tapa de algo y derramamos el contenido, nosotros tenemos el control. Podemos abrir la tapa, derramar la cantidad que queramos, y volver a tapar. Pero si quebramos al vaso, el contenido se derrama sin que nosotros podamos controlarlo. Ella nos dio el ejemplo de lo que es la adoración suntuosa. Creo que parte del problema que existe con nuestros momentos de adoración congregacional, es que nosotros insistimos en tener el control. Hemos establecido muchos límites durante nuestros momentos de adoración, y hemos impuesto estructuras rígidas para esos momentos, y eso hace que seamos nosotros los que estamos en control y no el Señor. Nos hemos acostumbrado a "encender y apagar" a Dios. Si le ofreciéramos más adoración suntuosa, y quitáramos nuestra mano del mando, veríamos más manifestaciones de la Presencia de Dios, tanto en nuestras vidas como en nuestros servicios.

¡La adoración requiere quebrantamiento! Llorar es una manera de limpiar el alma. Cuando estoy en la Presencia de Dios, consciente de todas mis imperfecciones y flaquezas, se me parte el corazón y se llenan los ojos de lágrimas. David entendía bien este concepto cuando escribió *"los sacrificios de Dios son el espíritu quebrantado; al corazón contrito y humillado no despreciarás tú, oh Dios"* Salmo 51:17

La adoración suntuosa requiere humildad. Esto se expresa también en el acto de adoración que la mujer tuvo al ungir a Jesús. Necesitamos entender que lo que ella hizo era algo muy controversial. Simón se sorprendió al ver que Jesús permitió que una mujer de esa clase lo tocara (Lucas 7:39). Pero eso no le impidió de adorar de la manera, según ella pensaba, que Jesús era merecedor de ser adorado. Muchas veces nos preocupamos de lo que pensarán los demás sobre nuestra manera suntuosa de adorar, en lugar de preocuparnos de lo que Dios piensa sobre el tema. Ella podía haberse acomodado, y sencillamente tomar el perfume, nítidamente derramarlo, y modestamente untárselo al Señor. Pero en lugar de hacer eso, *"quebró"* el vaso.

Debemos recordar lo que la Escritura nos dice en I Pedro 5:5 ***"Dios resiste a los soberbios, y da gracia a los humildes. Humillaos, pues, bajo la poderosa mano de Dios, para que él os exalte cuando fuere tiempo."*** El orgullo nos aleja de la Presencia, pero la humildad acerca la presencia hacia nosotros y nosotros a Dios.

¿Quiere usted llevar su devoción a Jesús a un nuevo nivel? Quiebre el vaso y deposite todo a Sus pies. Él llega cuando usted se quebranta, y no cuando usted quiere mostrar su fuerza. Cuando esta mujer sin nombre derramó su quebrantamiento y su humildad, y suntuosamente adoró a Jesús, Él respondió y le dio todo lo que ella necesitaba. La clave está en desarrollar un corazón que adora. No hay mejor lugar que estar a los pies de Jesús.

¡EN SU PRESENCIA LO TENEMOS TODO!

CAPÍTULO 9

PREPARANDO EL AMBIENTE

"¡ Cuan amables son tus moradas, oh Jehová de los ejércitos! Anhela mi alma y aun ardientemente desea los atrios de Jehová…"

Salmo 84:1-2

Dios está buscando gente hambrienta, cansada de la rutina en la iglesia, y de seguir formas y programas rígidos. Creo que necesitamos volver al pozo, y escuchar de nuevo las palabras que Jesús le dijo a la tan necesitada y disfuncional mujer. Él le dijo: ***"El Padre está buscando adoradores que le adoren en Espíritu y en Verdad."*** (Juan 4:23)

Nosotros existimos para adorarlo en la mañana, al mediodía, y por la noche. Para preparar el ambiente, se necesita un nivel de adoración que normalmente está ausente en la mayoría de los servicios. Tenemos que adorarlo con todo nuestro corazón, con toda nuestra mente y con toda nuestra fuerza. Sin embargo, el secreto está en comenzar a preparar el ambiente en la casa y no esperar hasta que llegue el domingo por la mañana. Un ejemplo sería el de nuestros automóviles; corren mejor cuando se les calienta previamente. Muchas veces pasamos la mayor parte del servicio *"calentando el motor,"* y cuando ya se está terminando el servicio, entonces es que estamos listos para adorar.

Dios no está buscando personas sofisticadas y conservadoras para que ocasionalmente se reúnan en Su Nombre y tengan una reunión triste y aburrida. Tampoco nos reunimos para pasar un buen rato. Tenemos que entender que no cantamos por el mero hecho de cantar. Cantamos para adorar. Al hacerlo, estamos cumpliendo con el propósito de Dios sobre la tierra.

Ya es tiempo que dejemos de quejarnos y de buscar todo lo erróneo en nuestras vidas, y decir cada día y en cada situación *"mi Dios es un Dios grandioso."*

Nosotros preparamos el ambiente cuando inclinamos nuestros corazones ante Dios, frente a Su voluntad, aunque nos enfrentemos a lo que pareciese un verdadero desastre. Todo en nuestra vida depende de poder decir "Mi Dios es un Dios increíble", pase lo que pase." Cuando adoramos, nos estamos postrando delante del Señor. Estamos sometiendo nuestro intelecto, nuestro futuro, nuestra arrogancia, y literalmente sometiendo nuestro sentido de superioridad a Dios. Si usted se preocupa porque no quiere hacer el ridículo cuando se rinde y entra de lleno en Su Presencia, ¡no le dé importancia! Noah parecía ridículo al estar construyendo una de las estructuras de madera más grande de su tiempo. Ya es tiempo de no tomarnos tan en serio y comenzar a buscar el ambiente celestial para que se manifieste la Presencia de Dios. Si nos enfocásemos y contemplásemos más a

Jesús nuestro Salvador, eso nos ayudaría a preparar el ambiente para Su Presencia. Su Presencia reviviría la mayor profunda e intensa adoración, y seríamos trasformados. Jesús es el enfoque de nuestra trayectoria espiritual, y al contemplarlo, avivamos y renovamos nuestra intimidad con Jesucristo. En ese estado de adoración espiritual, preparamos un lugar para Él, y Dios revelará Su Gloria en ese lugar de adoración. Dios desea revelarse a los corazones hambrientos. El hambre que usted tiene por Él, expresada en una suntuosa adoración, hará que Su Presencia se manifieste. Al esperar en Su Presencia, usted está preparándose para tener un encuentro con la Gloria, más allá de lo que se pueda decir. Prepare el ambiente, y entre en un nuevo nivel de comunión con Dios. Usted decide si quiere enfocarse en un deseo superficial, o si prepara el ambiente y descubre el más profundo deseo de su corazón.

¡EN SU PRESENCIA LO TENEMOS TODO!

CAPÍTULO 10

EL DESARROLLO DE LA MADUREZ ESPIRIUAL COMIENZA CON LA ADORACIÓN

"Amado, yo deseo que tú seas prosperado en todas las cosas, y que tengas salud, así como prospera tu alma."

III Juan 2

La verdadera adoración depende mucho de la santidad. El creyente que es un adorador experimenta la obra del Espíritu en su interior. El creyente, a medida que anda con Dios, se da cuenta que tiene que dejar a un lado sus viejos caminos, su antigua manera de actuar, así como sus viejas actitudes, para comenzar a andar en el Espíritu.

Al creyente meterse en una mayor profundidad con Dios, experimenta el trabajo profundo del Espíritu en él, limpiando y cambiando motivaciones internas, así como actuaciones externas. A través de esta experiencia, aprendemos que Dios está dispuesto a compartir Su santidad con cualquiera que desee entrar en una comunión más íntima y confraternice con Él. Cierto es que se han hallado hombres impíos adorando a Dios cuando se ha manifestado Su presencia. Balaán es uno de esos ejemplos, una confrontación de Dios invocando la adoración de alguien que no entiende lo que es adoración. Pero yo me estoy refiriendo a la santidad como medio para conseguir una adoración consistente, diaria y constante.

Al predicar mensajes sobre la prosperidad, el énfasis que se hace es por lo general sobre las posesiones materiales. Sin embargo, la verdadera santidad, la que nos lleva a una adoración más profunda, no trata de hacernos sentir más cómodos materialmente. Vivir en santidad es verdaderamente tener vida en su plenitud, porque el verdadero carácter de Dios nos da amor, gozo, paz y gracia, algo que es imposible conocer o experimentar fuera de Jesucristo. Esa es una vida verdaderamente próspera. El conseguir esas cualidades, entonces la adoración sube a un nivel más alto. Cuando vemos a Dios tal como es, entonces queremos ser como Él.

"Amados, ahora somos hijos de Dios, y aún no se ha manifestado lo que hemos de ser; pero sabemos que cuando él se manifieste, seremos semejantes a él, porque le veremos tal como él es." I Juan 3:2

Aunque este versículo se refiere a la segunda venida de Jesús, no obstante, adorar a Dios es verlo, y viéndolo nos vamos perfeccionando. Cuanto más lo adoremos, tanto más seremos transformados en Su presencia. Nuestro llamado, como creyentes, es ser un templo santo donde Dios puede morar. Dios es santo, y el lugar donde Él mora tiene que ser santo también. La profundidad de la santidad que usted tenga en su vida estará determinada por el grado de la Presencia de Dios que saturará su vida y su carácter. Dios dice en Efesios 1:4 *__Según nos escogió en él antes de la fundación del mundo, para que fuésemos santos y sin mancha delante de él, en amor.__*

Nuestra más noble y más alta aspiración debe ser vivir una vida santa, en lugar de aspirar a tener un ministerio o viajar por el mundo predicando. Estamos llamados a ser santos, y nuestro ministerio es adorar. Todo fluye a partir de la alineación de esos principios Bíblicos. El cristianismo moderno ha confundido la verdadera santidad con el cumplimiento de reglas y regulaciones, las que han sido malinterpretadas y presentadas a la iglesia en forma de doctrinas extra bíblicas, o presentar la cultura mal interpretada como principios bíblicos. La cultura cambia a través del mundo, pero la doctrina bíblica no cambia. Cuanto mayor sea su hambre por su Presencia, más profunda será su santidad.

¡EN SU PRESENCIA LO TENEMOS TODO!

CAPÍTULO 11

LA REALIDAD DE SU PRESENCIA

"¿Baja usted la cabeza calladamente en reverencia cuando entra en la iglesia? Me sorprendería si su respuesta es sí."

A.W. Tozer

"Y cuando los sacerdotes salieron del santuario, la nube llenó la casa de Jehová. Y los sacerdotes no pudieron permanecer para ministrar por causa de la nube; porque la Gloria de Jehová había llenado la casa de Jehová."

I Reyes 8:10-11

En 1997, en el Avivamiento de Brownsville, la Presencia de Dios no sólo invadió la atmósfera de la iglesia, sino que en pocos

momentos mi vida y mi ministerio fueron radicalmente cambiados, ya que tuve un encuentro personal
y fresco con el Espíritu Santo. Hasta ese momento yo
ya llevaba 28 años ministrando. Escribiendo este libro
estoy celebrando cincuenta años de ministerio. En
un dramático momento sobrenatural, experimenté la
Presencia de Dios de una manera que nunca había
experimentado antes. Desde ese momento, empecé
a buscar Su Presencia de una manera diferente, más
profunda, y la búsqueda de su Presencia me llevó
a cambiar la filosofía del ministerio. En el deseo de
provocar el hambre de su Presencia, voy a compartir
una conversación muy personal que Dios tuvo conmigo durante ese histórico mover de Dios, también
conocido como el *"Derramamiento Pentecostal."* Mientras la adoración dirigida por Lindell Cooley llenaba
el edificio, sentí que mi cuerpo comenzaba a vibrar y
comencé a llorar mientras Dios tomaba el control de
mi mente obstinada. Le pregunté al Señor, "¿Qué es
esto?" Siempre observé todo con mi mente analítica,

teológicamente entrenada. El Señor me dijo, *"Esto es algo que te falta, no se obtiene a través del estudio, ni de los grados educativos como los que tienes, y no se consigue a través de un libro de texto, es un encuentro fresco conmigo que procede de la intimidad con mi Espíritu."* A partir de este punto, Dios comenzó a mostrarme que yo no era más que un ministro profesional que acataba las políticas y las reglas, observaba a otros colegas que tenían ministerios exitosos, y que yo perseguía las mismas metas. Pensaba que estaba bien, después de todo estaba siguiendo el camino y el ejemplo de otros ministros, haciendo todas las cosas correctamente para tener un ministerio *exitoso* haciendo como los doctores y los abogados hacen para construir sus prácticas y darse a conocer.

La noche en la que tuve ese momento de acercamiento sobrenatural con el Espíritu Santo, fui instruida para que hiciera del Avivamiento de Brownsville un oasis donde sería vaciada, recargada y re-dirigida por el Espíritu Santo. Le pedí a Dios que me perdonase por hacer las cosas a mi manera. Me rendí de nuevo, y en los siguientes años hicimos veinticuatro viajes a Florida, y fui poderosamente cambiada en la Presencia de Dios. Muchas de las cosas que Dios me enseñó durante ese tiempo llegaron a utilizarse como material para mis mensajes. Mi carga ahora era transmitir, a través de la Palabra, e impartir hambre de Dios dondequiera que ministro. Tengo una imperiosa certitud de que la necesidad más urgente en la iglesia hoy es la Presencia manifiesta de Dios.

Dios también me hizo una promesa esa noche la noche. Él me dijo que si yo me sometía a Él para aprender lo que Él quería enseñarme, Él me enviaría adelante con una fresca unción para hacer sonar la alarma, declarando la necesidad de avivamiento. Gracias a Dios, y a Él sea toda la gloria, porque hemos visto lo que ha sucedido cuando Dios bajó y trajo avivamiento a dos iglesias donde estamos haciendo trabajo misionero en Guatemala. En una de esas iglesias trabajamos durante dieciocho años y construimos una escuela. Durante cinco años, vimos una cosecha de almas y muchos milagros. Actualmente estamos viendo una manifestación de avivamiento ungido en el lugar donde estamos construyendo un Centro de Avivamiento, la iglesia Cristo te Ama en Petapa, Guatemala. Hace tres años, nuestra meta era tener un santuario para mil personas, pero debido al poderoso movimiento de Dios, estamos extendiendo el proyecto de construcción para acomodar dos mil quinientos.

Sé que Dios tuvo que quebrantarme, humillarme y prepararme para manejar tal crecimiento y éxito. Aprendí una cosa, y es que después de cada servicio y de cada demostración de Su poder y gloria, hay que tomar unos momentos para darle toda la gloria a Dios. Muchas veces oramos para tener más de Él, pero Él tiene que enseñarnos cómo manejar más su Presencia antes de que nos sature y nos sumerja, de lo contrario nos ahogaríamos.

Hay muchas lecciones que Dios me enseñó durante el Avivamiento en Brownsville, y este libro es el producto del movimiento que Dios trajo a mi vida cuando Él me cambió, cambió mi enfoque, mi dirección, mis actitudes, y me dio un hambre inextinguible por su Presencia. Ahí es donde todo comienza, en Su Presencia.

¡EN SU PRESENCIA LO TENEMOS TODO!

CAPÍTULO 12

ACTITUDES EN LA ADORACIÓN

Cuando vio esto el fariseo que le había convidado, dijo para sí: Este, si fuera profeta, conocería quién y qué clase de mujer es la que le toca, que es pecadora.

Lucas 7:39

La única manera de acercarse a Dios es con reverencia y humildad. Da pena ver la falta de respeto y de reverencia en la casa de Dios. La forma de adoración pentecostal desafortunadamente ha creado una actitud suelta e irrespetuosa en la iglesia, en tanto que he estado en algunas congregaciones donde se les anima a entrar en el santuario de cualquier manera, incluso se vende café y bocadillos en el vestíbulo; se les permite entrar así y unirse a los adoradores. Si queremos tener el avivamiento y la Presencia manifiesta de Dios creo que necesitamos más reverencia por la casa de Dios. No venimos al servicio dominical para tomar café y comer bocadillos. Ese tipo de actividad pertenece a la sala de recepción. Este comportamiento promueve una actitud demasiado liviana, y puedo decir, altiva frente a nuestro Dios que es santo. Mis manos necesitan ser libres para poder levantarlas para adorar y glorificar a Dios. La actitud tiene mucho que ver con la adoración, ya que puede afectar si de verdad adoramos, y cómo adoramos.

Simón estaba tan sorprendido porque Jesús permitió a la mujer que lo ungió con sus cabellos que se acercase a Él, y con actitud trató de impedir ese acto de adoración. Después de todo, ¿No debería Jesús reconocer la indignidad de esta mujer? Esta mujer puso su reputación en juego para adorar a Jesús de la manera que ella sentía que él debía ser adorado, y así debemos hacerlo nosotros. A Simón le molestaba. La presión de los compañeros ha impedido que multitudes dejen de expresar su afecto a Cristo. Debemos cambiar nuestra actitud y decirnos "¿Qué piensa Jesús sobre esto?" en lugar de estar preocupados por lo que piensan los que no están adorando. Una actitud de orgullo y auto presunción alejará la Presencia de Dios. La adoración sin una actitud humilde es como decir que estás enamorado de alguien pero sin compromiso. El amor debe ser expresado, de lo contrario es superficial y emocional. Si su compromiso es superficial también lo será su adoración. El corazón de la adoración no es el canto, es el amor. Un verdadero adorador, alguien que está realmente hambriento de Su Presencia, debe darle lo mejor que tiene, siempre buscando maneras tangibles para bañar al Amante de nuestras almas con amor, emoción, devoción y adoración.

Una actitud correcta en la adoración es ser cuidadosos en nuestra actitud al pagar nuestros diezmos o al dar ofrendas especiales. Dar financieramente es una manera de adorar al Señor. En I Corintios 16:1-2 Pablo amonesta la iglesia, después de predicar sobre los dones del Espíritu, y dice: *"En cuanto a la ofrenda para los santos, haced vosotros también de la manera que ordené en las iglesias de Galacia. Cada primer día de la semana cada uno de vosotros ponga aparte algo, según haya prosperado, guardándolo, para que cuando yo llegue no se recojan entonces ofrendas."* Nuestra adoración debe también ser acompañada por una actitud de entrega. La actitud de los que no están adorando no debe impedir que nosotros sí adoremos y derramemos nuestras ofrendas de amor sobre Aquel que es merecedor de nuestra adoración.

¡EN SU PRESENCIA LO TENEMOS TODO!

CAPÍTULO 13

¿HAY HAMBRE EN LA CASA?

'Me buscaréis y me hallaréis, porque me buscaréis de todo vuestro corazón'

Jeremías 29:13

En Cantar de Cantares de Salomón, el Amado toca a la puerta de la recámara. La doncella no quiere levantarse y contesta: *"Me he desnudado de mi ropa; ¿cómo me he de vestir otra vez? He lavado mis pies; ¿cómo los he de ensuciar?"* Cantares 5:3

Ella está en un estado de reposo, y en ese momento, su comodidad es más importante que su relación.

La doncella se levanta para abrir la puerta a su Amado, pero él ya se ha ido. Su indecisión a levantarse le ha hecho perder su presencia. Ahora, su corazón está revuelto. La comodidad ya no es un problema, ya que pierde el sueño y arriesga su seguridad para buscar a la persona que ama. Incapaz de encontrarlo, hace correr un mensaje, *"Háganle saber que estoy enferma de amor"*. Cantares 5:8

"He aquí, yo estoy a la puerta y llamo" dice Jesús a Su iglesia. "Si alguno oye me voz y abre la puerta, entraré a él, y cenaré con él, y él conmigo."

Apocalipsis 3:20

La llamada de Jesús a la intimidad es un desafío a nuestra comodidad. Para responder a su llamada, debemos movernos de nuestro lugar de reposo espiritual. Si queremos experimentar la gloria de Dios en nuestras vidas y en nuestras iglesias continuamente, necesitaremos siempre ser buscadores de Su Presencia. Es el corazón que busca lo que cautivará Su atención y compañerismo. Debemos contestar la pregunta si queremos solamente mediocridad en nuestra vida espiritual o si queremos intimidad. ¿Queremos una forma de religión y un buen servicio religioso o queremos la Presencia manifiesta de Dios? ¿Tenemos tiempo para dejar que Dios haga lo que Él desee? Si la respuesta es sí, entonces debemos hacer espacio para el Espíritu Santo y no tener prisa. El avivamiento es simplemente enamorarse de Jesús de nuevo. Mientras buscamos una relación más profunda con Dios, no debemos escoger enfocarnos en deseos menores. Si descubrimos el anhelo más profundo de nuestros corazones, nos motivaremos a cumplirlo en Dios. El estilo de vida que tenemos es el indicador de dónde está nuestro corazón.

Es comprensible que todavía debamos ganarnos la vida, fomentar relaciones familiares y tal vez seguir una carrera o un oficio. Pero al atender a esas responsabilidades y relaciones materiales, el enfoque de nuestra energía y búsqueda no estará en estos aspectos de la vida, y no les permitiremos consumir nuestro tiempo para que no nos quede nada o muy poco para el que está esperando por nuestra comunión y compañía.

No quiero alterar su teología amigos míos, pero Dios disfruta nuestra comunión con Él. La Biblia dice que es por eso que Él nos creó. ¿Anhela usted a Dios y Su Presencia? Quererlo más que cualquier otra cosa implica entregar a la señoría de Dios todos los demás deseos nuestros. ¡Él te está llamando!

¡EN SU PRESENCIA LO TENEMOS TODO!

CAPÍTULO 14

SU PRESENCIA REVELA SU PROPÓSITO

"Y se le apareció el Ángel de Jehová en una llama de fuego en medio de una zarza; y él miró, y vio que la zarza ardía en fuego, y la zarza no se consumía."

Éxodo 3:2

De acuerdo con el registro histórico, en este pasaje de la Escritura, ver una zarza ardiente en el desierto, no es algo infrecuente. Es muy probable que Moisés haya visto muchos arbustos quemarse en el calor del desierto donde vivió muchos años como pastor. Sin embargo, Moisés vio una zarza ardiente que no se consumía. No era sólo un acontecimiento extraordinario porque no se consumía, sino que era el medio que Dios usó para llamar su atención.

El hecho de que siguiera quemándose, le hizo echarse a un lado y contemplar esta gran visión. Estoy segura de que le dio curiosidad por saber por qué no se consumía. Nunca podremos estar preparados para las grandes cosas que Dios tiene para nosotros en su Presencia manifiesta.

Cuando Moisés se apartó para ver la zarza, Dios le llamó desde el medio de la zarza ardiendo. Moisés no esperaba una tan gloriosa revelación de la gloria de Dios. Se quitó los zapatos porque estaba pisando tierra sagrada. Él escondió su cara para no mirar a Dios, pero escuchó la voz de Dios revelando íntimamente nuevas direcciones a Su siervo.

Dios desea manifestar su gloria en la iglesia y en nuestras vidas. Debemos darle la oportunidad de comunicarse íntimamente con nosotros echándonos a un lado. A veces nos precipitamos tanto en el servicio de adoración porque queremos permanecer dentro de los confines del programa, y perdemos la oportunidad de que Dios nos revele Su Presencia.

Moisés se apartó, y escuchó, y tuvo una visión más completa de la gloria de Dios. Ese día las vías se abrieron para dialogar más con Dios, lo cual reveló en los días venideros Su plan para la liberación de los hijos de Israel paso a paso. El camino para una liberación maravillosa para el pueblo de Dios se abrió ese día en la zarza ardiente. Es digno de notar que cuando Moisés completó su asignación de dirigir a los israelitas fuera de la esclavitud en Egipto, volvió a esta misma montaña santa, donde Dios le dio los Diez Mandamientos. La gloria se manifiesta en la adoración como vemos en la vida de Moisés. Cuando estamos en la Presencia de Dios, sentimos la reverencia y el temor de Su majestad. Cuando Moisés encontró la zarza ardiente, y oyó la voz de Dios que lo llamaba, adoró consciente de que estaba en tierra santa. Como Fuchsia Pickett tan acertadamente lo expresó, "Es *la adoración la que trae una revelación de Su gloria, y es esa revelación de su gloria la que nos lleva a adorar.*"

Todo lo que usted necesita está en Su Presencia, incluso la revelación del propósito y dirección de Dios para su vida. No esté satisfecho con una experiencia religiosa ordinaria, cuando puede tener la revelación de la Presencia sobrenatural de lo que Dios tiene destinado para usted. Busque Su Presencia y Él le revelará a usted Su voluntad. Prepárese para actuar en cada área de su vida done el Espíritu Santo le traiga convicción.

¡EN SU PRESENCIA LO TENEMOS TODO!

CAPÍTULO 15

LA OMNIPRESENCIA Y LA PRESENCIA MANIFESTADA

"Todas las cosas por él fueron hechas, y sin él nada de lo que ha sido hecho, fue hecho."

Juan 1:3

"Y fueron todos llenos del Espíritu Santo, y comenzaron a hablar en otras lenguas, según el Espíritu les daba que hablasen."

Hechos 2:4

La omnipresencia de Dios es el atributo de estar en todas partes a la vez. Él es omnipresente incluso cuando no experimentamos su presencia; Él está aquí, aunque no lo reconozcamos. La presencia manifiesta de Dios es, por supuesto, su presencia manifestada. El hecho de que Él está con nosotros es claro y convincente.

La omnipresencia de Dios se aplica a cada Persona de la Trinidad: el Padre (Isaías 66:1), el Hijo (Juan 1:48), y el Espíritu Santo (Salmo 139:7-8). El hecho de que Dios es omnipresente puede, o no, resultar en una experiencia especial por parte nuestra. Sin embargo, la presencia manifiesta de Dios es el resultado de su interacción con nosotros, abierta e inequívocamente. Es entonces cuando experimentamos a Dios.

Si a usted le falta la Presencia manifiesta de Dios, tal vez Él quiera que lo busque de otra nueva manera o con mayor intensidad. Al buscarlo, usted le muestra que desea más de Su Presencia y de Su gloria. En cincuenta años de ministerio, he estado en quince países. He asistido a más servicios religiosos muertos de los que puedo recordar. Desafortunadamente, antes de esa noche cuando tuve el dramático encuentro sobrenatural con la Presencia manifiesta de Dios, yo también estaba muerta. Mi ministerio estaba bien, pero no tenía ninguna evidencia de la obra sobrenatural del Espíritu Santo. La mayor parte de la iglesia está dormida, entorpecida por el materialismo, la falta de hambre de Dios y con apatía.

Desde 1997 mi carga ha sido despertar a una iglesia dormida y tratar de impartir hambre y deseo de prepararse para el avivamiento. Gracias a Dios, hemos visto tremendos derramamientos del Espíritu Santo cambiando vidas, pero fue solo después de que Dios me despertó y me cambió mí primero.

El cambio milagroso, y mi experiencia con la Presencia manifiesta, primero comenzaron con Lois, mi asociada, quien al leer libros sobre el avivamiento, lloraba cuando el Espíritu Santo se manifestaba en ella. Lois se volvió desesperadamente hambrienta avivamiento, y no paraba de molestarme hasta que le dije que iría a Florida al Avivamiento de Brownsville. Gracias a

Dios que fui, porque allí aprendí acerca de la Presencia manifiesta, y luego me enamoré de Su Presencia.

Les recuerdo una experiencia Bíblica de la Presencia manifiesta de Dios; fue tan maravillosa que los discípulos quisieron construir una tienda y quedarse allí. Estoy seguro de que no fue igual que un servicio de iglesia muerta desprovista de la Presencia de Dios, llena solamente de programas hechos por el hombre.

"Seis días después, Jesús tomó a Pedro, a Jacobo y a Juan, y los llevó aparte solos a un monte alto; y se transfiguró delante de ellos. Sus vestidos se volvieron resplandecientes, muy blancos, como la nieve, tanto que ningún lavador en la tierra los puede hacer tan blancos. Y les apareció Elías con Moisés, que hablaban con Jesús." Mark 9:2-4

En la transfiguración de Cristo, la gloria radiante y eterna de nuestro Señor fue revelada. Durante gran parte de su ministerio terrenal, la humanidad de Jesús veló esa gloria, ocultándola de la vista humana detrás de la debilidad de la carne. Pero en el Monte de la Transfiguración, la gloria refulgente y la Majestad de Jesús fueron exhibidas en forma visible, en una exhibición cegadora de blancura. Pedro, Santiago y Juan vieron la pureza y deidad de nuestro Salvador en esa ocasión, eso fortalecería su fe para el resto de sus vidas (2 Pedro 1:16).

Sin embargo, esta visión fue sólo un vistazo temporal de su gloria. La transfiguración llegó a su fin; fue un momento apropiado y breve, únicamente para darnos un vistazo anticipado de lo que nos espera en el cielo. Juan Calvino comenta, *"Su transfiguración no les permitió a sus discípulos ver a Cristo tal como ahora está en el cielo, sino que les dio una muestra de su infinita gloria, tal como fueron capaces de entenderla."* En el cielo, veremos al Hijo de Dios tal como es; disfrutaremos de la visión beatífica y podremos ver el rostro de nuestro creador.

Esa visión satisfará totalmente nuestras almas y será tan increíble que difícilmente podremos explicar lo que será ver tal belleza. Llegados a ese punto, finalmente alcanzaremos el propósito para el cual fuimos hechos, es decir, para disfrutar de la comunión directa con nuestro Hacedor. Veremos su gloria radiante, y nunca nos cansaremos de la visión, porque ver el rostro de nuestro Señor será experimentar la plenitud de la vida bendecida.

Amigo mío, usted no tiene que esperar para experimentar la Presencia manifiesta de Dios. Sigua el ejemplo de Lois; su hambre de Dios la llevó a buscarlo más y esa búsqueda lo acercó de ella.

Pastores y Ministros preparemos el ambiente en nuestras iglesias y hagamos espacio para lo santo. ¡Espíritu ven! Vamos a decirle a la gente, "Hay más y voy tras él." Nuestra pasión despertará sus corazones y cambiará sus actitudes sobre cómo se supone debe ser la iglesia. Una vez que experimentemos a Dios en su gloria, nunca más aceptaremos la rutina.

Emociónese con su Presencia, predíquela, impártanla, y haga que su filosofía ministerial sea acerca de cómo tener una *iglesia orientada hacia la Presencia y no una iglesia orientada hacia un programa*. Se lo aseguro, por experiencia, que es algo contagioso.

¡EN SU PRESENCIA LO TENEMOS TODO!

CAPÍTULO 16

ALABANZA Y ADORACIÓN

"Venid, aclamemos alegremente a Jehová;
cantemos con júbilo a la roca de nuestra
salvación. Lleguemos ante su presencia con
alabanza; aclamémosle con cánticos."

Salmo 95:1,2

Venid, adoremos y postrémonos; arrodillémonos
delante de Jehová nuestro hacedor.

Salmo 95:6

Después de mi encuentro sobrenatural con el Espíritu Santo en Brownsville sabía que tenía que hacer algo acerca de mi nivel de intimidad con el Señor. Expresamente Él me dijo yo no sabía nada sobre intimidad, que lo que yo sabía lo había aprendido todo en los libros de texto, y Él tenía mucho que enseñarme. Para enseñarme sobre intimidad dijo que yo necesitaría sumergirse en el río que fluía en aquel lugar. Hasta este punto yo utilizaba siempre la dos palabras *alabanza* y *adoración* como sinónimos, tal como lo hacen todas las personas que conozco. Sin embargo, aprendí en la escuela de Dios que esta manera de pensar indicaba mi manera de caminar con Dios.

Cuando empezamos a profundizar en la Palabra buscando una explicación, encontramos que las dos palabras *"alabanza* y *"adoración"* no se utilizan indistintamente. Alabanza es el preludio a la adoración. Es el camino menor hacia la carretera principal, por así decirlo. Cuando uno lee los versículos 1 y 2 del Salmo 95 se llena de exuberancia y de alegría en medio del ruido alegre de los cantos. En el verso 6 uno viene y adora, y se arrodilla. Encontramos el mismo patrón en el salmo 96 cuando el salmista nos dice en los versos 4, 7 y 8: *"Porque grande es Jehová y digno de suprema alabanza; temible sobre todos los dioses. Tributad a Jehová, oh familias de los pueblos, dad a Jehová la gloria y el poder. Dad a Jehová la honra debida a su nombre; traed ofrendas y venid a sus atrios."* Es después del preludio de "alabanza" que en el verso 9, el salmista agrega: *"Adorad a Jehová en la hermosura de su santidad; temed delante de él toda la tierra."*

Con alabanza, estamos dando gracias por las maravillosas obras de Dios. La alabanza es alegre y entusiasta. En la alabanza, somos bendecidos y recibimos un empuje emocional. Así que realmente se trata de nosotros, de conseguir algo de Dios y de agradecérselo. Los salmistas repetidamente nos alientan a alabar al Señor por todo lo que Él ha hecho. Sin embargo, la verdadera adoración es admiración de la persona de Dios. Exalta quién es Dios y no lo que hace. La motivación en la adoración es el reconocimiento de la persona de Dios y no sus actos. La adoración se expresa con adjetivos: Señor eres encantador, eres maravilloso, eres hermoso, te amo. La alabanza encuentra su expresión con los verbos. Señor, gracias por bendecirme, gracias por salvarme, gracias por sanarme. La alabanza reconoce la mano de Dios y la adoración mira Su corazón.

La adoración es una sumisión extrema y un amor extravagante, y requiere un compromiso para siempre. Usted puede tener una temporada de alabanza, pero la adoración nos lleva a un compromiso y a una entrega a Dios total. La alabanza nos hace felices, moviendo nuestras emociones, pero la adoración nos encamina hacia Su Presencia.

¡EN SU PRESENCIA LO TENEMOS TODO!

CAPÍTULO 17

PETICIONES O SU PRESENCIA

"Ella con amargura de alma oró a Jehová, y lloró abundantemente."

I Samuel 1:10

He estado en muchos servicios donde sin imposición de manos o petición alguna han habido milagros mientras la congregación adoraba. Creo que esta es una de las razones por la cual el enemigo trabaja duramente con sus muchos programas y calistenias religiosas para impedir que la adoración sea una prioridad en nuestros servicios y en nuestra vida personal.

Si contamos con su presencia lo tenemos todo. Cuando voy a una iglesia a ministrar, puedo percibir en el ambiente si la gente está radicalmente hambrienta por la presencia y se olvidan del reloj, o si están sujeta a un programa fabricado por el hombre. La atmósfera de milagros y la manifiesta presencia de Dios se crean cuando la congregación está hambrienta y sabe que hay algo más, y lo desea. En otra clase de congregación, la gente actúa como si hubiesen dejado un asado en el horno y debiesen terminar el servicio exactamente al mediodía para que puedan sacarlo y no se les queme.

Quiero que noten algo en 1Samuel 10. Nos encontramos con Ana cuyo vientre estaba cerrado, y también con su rival que se mofaba de ella. Estaba amargada e irritada por la burla. En el verso 12 la encontramos orando largamente al Señor. El versículo 14 dice que *"derramó su alma delante de Jehová."* Ella quería un niño, pero no podía tenerlo. La Biblia dice que hizo cuanto podía. Oró, ayunó, lloró, se afligió y tuvo amargura de alma. Pero la repuesta llegó en el verso 19:

"Y levantándose de mañana, adoraron delante de Jehová, y volvieron y fueron a su casa en Ramá. Y Elcana se llegó a Ana su mujer, y Jehová se acordó de ella."

I Samuel 1:19

Puede ser que usted necesite un milagro. Tal vez ha orado e incluso llorado con dolor. Un adorador es un buen candidato para un milagro. Es en la intimidad, que se concibe el milagro. Su adoración es como la condensación que se levanta y llena la nube, y cuando la nube se llena, se abre y suelta su milagro. Al Señor le gusta recibir la adoración que brota de un espíritu agradecido y reverente, en lugar de quejas, gemidos y súplicas. Cierto es que hay lugar para interceder y hacer peticiones, pero nunca se debe hacer fuera de la adoración. La adoración tiene la clave para llevar sus oraciones al cielo. Levante su voz y dele a Dios la adoración que Él se merece. Deje de concentrarse en el problema y concéntrese en su presencia. Deje de quejarse, y dígale a Dios que desea su presencia más que desea la respuesta a su petición.

Prepárese a sí mismo para ser un candidato para un milagro tal como Ana. El milagro más grande de todos es la presencia manifiesta de Dios y la razón para que Él venga, more con nosotros, y desee estar en medio nuestro. ¡Oh, que podamos desearlo a Él más que ninguna otra cosa en este mundo!

¡EN SU PRESENCIA LO TENEMOS TODO!

CAPÍTULO 18

LA DESOBEDIENCIA ES UN OBSTÁCULO A LA ADORACIÓN

"¿Quién subirá al monte de Jehová? ¿Y quién estará en su lugar santo? El limpio de manos y puro de corazón; el que no ha elevado su alma a cosas vanas, ni jurado con engaño."

Salmo 24:3-4

Puede haber ocasiones en que nuestra adoración sea obstaculizada, y Dios puede optar por no aceptar nuestra alabanza y adoración. Estos usualmente son los tiempos cuando mantenemos pecado en nuestras vidas. Cuando somos deliberadamente desobedientes a Dios día tras día, eso puede afectar que Dios acepte nuestra adoración.

Ninguno de nosotros alcanzará la perfección aquí en la tierra, porque tenemos que esperar para eso. Hasta entonces, continuaremos pecando y fallándole a Dios. Sin embargo, Él nos ha perdonado. Pero, debemos recordar que aquellos que escogen vivir en pecado, los que escogen continuar siendo desobedientes a Dios, encontrarán que su adoración es rancia y sin sentido. Si a usted le parece rancia y sin sentido, piense lo que debe parecerle a Dios que conoce cada pensamiento y cada intención del corazón.

Jonás es un clásico ejemplo de desobediencia a Dios. Dios le dijo a Jonás que fuese a Nínive a predicar, pero él desobedeció: ***"Y Jonás se levantó para huir de la presencia de Jehová a Tarsis, y descendió a Jope, y hallo una nave que partía para Tarsis; y pagando su pasaje, entró en ella para irse con ellos a Tarsis, lejos de la presencia de Jehová."*** (Jonás 1:3)

Jonás pensaba que sabía más que Dios. Pero al final, aprendió una valiosa lección sobre la misericordia y el perdón del Señor, que se extiende más allá de Jonás y de Israel, a todas las personas que se arrepienten y creen. Cuando usted está huyendo de la voluntad de Dios, usted está obstaculizado el espíritu de adoración. La desobediencia puede llevarlo a usted hasta el fondo, tal como el pecado de Jonás lo llevó al vientre del pez grande.

La soledad y la desesperación pueden haber llenado su corazón pero Dios tiene el camino de salida hacia la victoria ya preparado, si usted se arrepiente. Jonás estaba enredado en una situación que parecía desesperada después de que el pez se lo tragó. Jonás huyó de Dios y Dios preparó un pez que lo tragó. Jonás se sintió como si estuviese en una prisión.

Nadie tiene que decirle a usted cuando está perdiendo su espíritu de adoración. Usted sabe cuándo su corazón se endurece y su adoración se vuelve rancia y superficial. Tal vez Dios lo llamó pero usted está evitando responder. Tal vez está tratando de alejarse de cierta persona o de cierta situación. Quizá usted siente que Dios ya no le ama. Eso es una mentira del enemigo de su alma que le está empujando a ser desobediente. Dios está esperando que usted lo llame y se arrepienta para que los canales puedan abrirse de nuevo y la adoración sea poderosa como lo fue alguna vez.

Suelte sus propios medios de liberación y agárrese de la cuerda de vida que Dios le envía.

¡EN SU PRESENCIA LO TENEMOS TODO!

CAPÍTULO 19

ADORAR PARA HOSPEDAR AL ESPÍRITU SANTO

"Dios mío, clamo de día, y no respondes; y de noche y no hay para mí reposo. Pero tú eres santo, tú que habitas entre las alabanzas de Israel."

Salmo 22:3

Este versículo nos dice que Dios está entronizado en medio de nuestras alabanzas. Otras traducciones afirman que Dios *"habita"* en la alabanza de Su pueblo. La palabra hebrea *"ysb"* traducida *"entronizado"* por La Nueva Biblia Estándar Americana significa *sentarse y permanecer sentado, habitar y permanecer*. Implica la idea de propiedad y control.

En un verdadero momento de alabanza y adoración, Dios es entronizado y Su Presencia desciende.

Cuando eso sucede, la autoridad de Dios toca la tierra y grandes cosas pueden suceder. También he notado que, durante un servicio de adoración, el Espíritu Santo a menudo se mueve en un canto en particular, y somos llevados al cielo. Dios está entronizado en ese canto, y lo demás es sólo relleno.

Nos hemos acostumbrado a Dios. Hemos tenido tantos buenos servicios, tantos buenos músicos, y cantantes, y coros, y predicadores. Es lo que sucede con muchos matrimonios, donde con el tiempo, su pasión y el fuego de su amor y compromiso disminuye. Vemos esto con los discípulos que habían pasado días normales con Jesús, tan ocupados que no se dieron cuenta que el fuego había menguado en sus ojos. Se habían acostumbrado a Jesús. Al principio, ellos lo servían y le ministraban lavándole los pies, atendiendo cada una de sus necesidades. Pero ahora Él era sólo un compañero más. Así que cuando llegaron a la casa de Betania, Jesús estaba con ellos y no le daban ninguna importancia. ¿Puede imaginarse que Jesús venga a su casa, y usted no le dé importancia? ¿Se lo puede imaginar? ¿No es eso lo que pasa cuando entramos en casa de Dios, Su unción se mueve, la adoración continua, y uno sigue ahí cómo un espectador.

Leemos el interesante relato cuando Pablo y Silas fueron arrestados por expulsar al demonio que tenía una niña esclava que estaba siendo usada como adivina en Tiatira (Hechos 16:23-26). Esa noche, cuando Pablo y Silas, encadenados en la prisión, comenzaron a cantar himnos de alabanza a Dios. De repente la presencia de Dios apareció. Hubo un terremoto y fueron liberados de sus cadenas. Cuando entronizamos a Dios en nuestra alabanza, las personas pueden ser liberadas.

Esto también significa que la entronización de Dios en la adoración no se limita a los servicios en la iglesia. Podemos hacerlo en las celdas de la prisión e incluso en nuestras propias casas.

Otro aspecto, al entronar a Dios en medio de la alabanza y la adoración, es que nos involucramos en una guerra espiritual. Cuando el enemigo vino contra Josafat y amenazó su vida, después de ir delante del Señor, él dijo: *"Ustedes no necesitan pelear en esta batalla, pónganse de pie y vean la salvación del Señor en su favor, Judá y Jerusalén. No temas ni estés consternado; mañana sal a enfrentarlos porque el Señor está contigo.* " (2 Crónicas 20:17) Al día siguiente, Josafat ordenó a los levitas que fueran delante del ejército de Israel alabando a Dios. Después de haber consultado con el pueblo, designó a los que cantaban al Señor y los que lo alababan, que vistieran ropa santa cuando salieran delante del ejército, y les dijo, *"dad gracias al Señor, porque Su misericordia es eterna."* Cuando ellos comenzaron a cantar y a alabar, el Señor le puso emboscadas a los amonitas, a Moab y al Monte Seir que habían venido contra Judá. (2 crónicas 20:21-22).

Mientras ellos estaban alabando a Dios, el Señor puso emboscadas contra los ejércitos invasores. No está claro cuáles fueron esas emboscadas, pero no parece haber involucrado al ejército de Judá. Dios agitó otras fuerzas contra los invasores. Se confundieron y se mataron unos a otros. La adoración confunde al diablo. Si quieres que al diablo le dé hipo y salga de la habitación, empieza a adorar.

Es hora de poner un poco de esfuerzo y energía en la preparación de un lugar para Él o para *"la celebración del Espíritu Santo."* La adoración prepara el escenario para la gloria y la Presencia manifiesta de Dios. Nos hemos vuelto demasiado cómodos y hemos incomodado al Espíritu Santo. Deberíamos aprender a entretenerlo a Él en vez de entretenernos a nosotros mismos. Muchos de nuestros servicios en la iglesia giran en torno a nosotros, en lugar de discernir lo que el Espíritu Santo desea.

Si el Espíritu Santo se está moviendo durante un cierto canto, no se apresuren a pasar a otro. Me gusta la versión japonesa del Salmo 22 y el versículo 3. Dice: *"Cuando adoramos, construimos una gran silla para que Él venga y se siente en ella."* Creo que sería sabio concentrarse en *"construirle una silla"* en la que Él se sienta cómodo. Recuerde, en la adoración tenemos la oportunidad de comunicarle al Señor nuestros pensamientos más íntimos. En la alabanza estamos teniendo una fiesta, y el ritmo de la música hace que las emociones se eleven. En la adoración, usted puede simplemente hablar en voz baja, tierna y cariñosamente para sacar el máximo provecho de la comunión íntima que estamos teniendo con Él en ese momento.

Comprometámonos a acoger al Espíritu Santo en nuestras vidas y en nuestros servicios en la iglesia. ¡Imagínese cómo sería la iglesia si Dios apareciera!

¡EN SU PRESENCIA LO TENEMOS TODO

CAPÍTULO 20

SIN ADORACIÓN NO HAY LLUVIA

"Y acontecerá que los de la familias de la tierra que no subieren a Jerusalén para adorar al Rey, Jehová de los ejércitos, no vendrá sobre ellos lluvia."

Zacarías 14:17

Dios dijo, ***"no habrá lluvia."*** En otras palabras, sin adoración no hay lluvia. Hay doce diferentes palabras hebreas traducidas como *adoración* en la Biblia. Las cuatro palabras hebreas, y especialmente la palabra más importante **shachah,** significan *bajarse, postrarse, inclinarse, agacharse, caerse, suplicar humildemente, pedir, reverenciar, adorar.*

Adorar es actuar como una persona inferior frente a un superior. Cuando adoro a Dios, digo con mis acciones, Dios, tú eres mejor que yo. Eres más grande que yo. Eres más que yo. Cantamos la canción, *"Nuestro Dios es un Dios increíble",* pero nuestra comprensión de esas palabras se ve nublada por nuestro mal uso y abuso de la palabra *increíble* en la vida diaria. Usamos la palabra *increíble* para describir todo, desde nuestro equipo deportivo favorito, hasta nuestro sabor preferido de helado.

Pero, ¿sabía usted que adoramos a Dios porque Él es verdaderamente increíble? Cuando usted reconoce lo grande que es Dios, usted reacciona de una manera diferente porque usted ve algo o Alguien muy grande y muy superior a usted. Como por instinto e instantáneamente, usted sabe que está en la Presencia de Alguien que es digno de más honor que usted mismo. Es esa admiración la que nos inspira a adorar. Cualquiera puede alabar, pero sólo un corazón que se inclina con humildad y temor, puede verdaderamente adorar. La adoración es la habilidad de mirar a Dios e inclinarse ante su voluntad, incluso frente a lo que parece ser una dificultad o un desastre.

La adoración es la respuesta de la fe frente a la adversidad y la dificultad, pero también es la respuesta de la fe al éxito de los que son bendecidos. Siempre debemos ser adoradores porque siempre tenemos una razón para adorar. Si usted está esperando llegar a la iglesia para adorar, entonces usted está perdiendo la mayor parte de su tiempo de adoración. David, el más grande adorador y salmista entre los hombres, dijo que ofrecía sacrificios en la mañana y en la tarde, al mismo tiempo que adoraba como mínimo siete veces al día.

La adoración es como el respirar, somos creado para hacerlo todo el tiempo. Es un estilo de vida. Es comprensible que usted no pueda vivir de rodillas, pero puede vivir en Su Presencia, teniendo un corazón humilde. Cuando usted adora en todo momento a pesar de las circunstancias, usted crea una atmósfera en su propio corazón que liberará las bendiciones y el favor del Dios porque usted no sólo está adorando a Dios, quién que es digno de ser adorado, sino que usted está creando el ambiente para recibir su milagro y el favor de Dios.

Al terminar esta sección, comience a adorar, y que el poder milagroso de Dios sea liberado en su corazón y en su vida.

¡EN SU PRESENCIA LO TENEMOS TODO!

CAPÍTULO 21

LA ADORACIÓN CREA UNA CONSTANCIA DE SU PRESENCIA

"A Jehová he puesto siempre delante de mí; porque está a mi diestra, no seré conmovido."

Salmo 16:8

Debemos observar la vida de David para ver los muchos problemas y fracasos que tuvo, cómo enfrentó al futuro y cómo vivió victoriosamente. David era un hombre de pasiones como nosotros. Vivió una vida muy tempestuosa. A pesar de todo lo que pasó, siempre estaba avanzando y buscando seriamente tener un corazón que agradara al Señor. Disfrutamos y aprendemos de sus experiencias al leer los Salmos. Sus salmos están bellamente

escritos. David celebra la bondad de Dios y lo adoraba incluso en tiempos muy difíciles. La adoración creó
la constancia de la Presencia de Dios. Él locapacitó
constantemente, independientemente de las circunstancias que le rodeaban. El futuro es algo que casi
todo el mundo se preocupa por él. No importa cuán
grande sea el don de profecía que una persona tenga,
nadie puede predecir totalmente lo que se avecina en
el camino de la vida. Desafortunadamente, muchos
cristianos buscan ministerios que sean proféticos para
decirles a los demás qué les espera en el camino de la
vida, pero al final se descubre que sus palabras son
más patéticas que proféticas. Creo en la profecía, pero
no como un reemplazo para poner de su parte y buscar la *Constancia de Su Presencia*.

Dios tiene completo el mapa de ruta de nuestro viaje.
Él lo conoce desde el principio hasta el final. Debo
aprender a tener una actitud basada en que, pase lo
que pase, sé que todo estará bien, porque **Él está a**

mi diestra, no seré conmovida. Sin embargo, para que eso sea una realidad en nuestra vida, hay muchos otros principios bíblicos que deben encajar en su lugar para que podamos decir verdaderamente: *"He puesto al Señor siempre delante de mí, no me conmoveré"*.

El énfasis aquí consiste en que David, por un acto de su voluntad, puso al Señor delante de él. No podemos simplemente sentarnos y deslizarnos sin preocupación por la vida espiritual, y pensar que todo saldrá bien. Necesitamos poner al Señor ante nosotros mediante la disciplina espiritual, tal como estudiar la Palabra, orar y tener comunión con Él, desarrollar una relación que resulte en la constancia de Su Presencia. Por ejemplo, cuando me levanto por la mañana, en lugar de dejar que mi mente se deje llevar por las preocupaciones diarias, los temores, o las necesidades, detengo deliberadamente ese tren de pensamientos, y pongo al Señor ante mí, pensando en lo bueno que es, en mi relación con Él, y en lo bendecida que soy porque sé que mi vida está en Sus manos. Sea usted feliz y regocíjese por tener otro día más para caminar con Dios. Al seguir estos principios, aprenda cómo *"practicar la Presencia de Dios"*.

Dios no es una doctrina religiosa o una ideología filosófica, es real, personal y poderoso, y quiere intimidad. ¿Está usted atrapado en una rutina religiosa de obras y programas, sin deleite y cumplimiento? Dios es una persona, y usted puede practicar Su presencia y conocerlo mejor. Él quiere estar en comunión con usted, tener compañerismo y hablar con usted.

Así es como David ponía siempre al Señor delante de él, usted también puede hacerlo. Él es el Señor Dios Todopoderoso, el Padre Eterno y se deleita en que Sus hijos lo busquen y disfruten de Su Presencia. Ponga sus afectos en Él, y deje de ser tan controlado por el mundo, o incluso por los programas de la iglesia. No se involucre tanto en *lo que hay que hacer,* y sobre todo, no deje al Señor fuera de la ecuación, corriendo a las reuniones o a las actividades del reino. No permita que nada ni nadie se interponga en el camino de **"poner al Señor siempre delante de usted"**. No espere hasta que le lleguen los problemas para buscarlo; aprenda a practicar Su Presencia. Búsquelo ahora y prepárese para cuando llegue la tormenta. Demasiadas personas esperan hasta que comienzan a soplar los vientos huracanados de cien millas por hora para ponerles tablas a sus ventanas.

"Porque los ojos de Jehová contemplan toda la tierra, para mostrar su poder a favor de los que tienen corazón perfecto para con él." (II Crónicas 16:9)

"Una cosa he demandado a Jehová, esta buscaré; que esté yo en la casa de Jehová todos los días de mi vida, para contemplar la hermosura de Jehová, y para inquirir en su santo templo." Salmo 27:4

¡EN SU PRESENCIA LO TENEMOS TODO!

PARTE II

RUTA VICTORIOSA EN SU PRESENCIA

CAPÍTULO 1

SU PRESENCIA EN LAS PRUEBAS

"Y sabemos que a los que aman a Dios, todas las cosas les ayudan a bien, esto es, a los que conforme a sus propósito son llamados."

Romanos 8:28

*T*odo lo que encontramos en la vida, todo, sin excepción, *obra para nuestro bien.*

Todo es una palabra que abarca mucho, lo que significa que *todo* lo que físicamente, mentalmente, espiritualmente, financieramente o relacionalmente suceda en nuestras vidas traerá algún bien destinado para gloria y honor a Dios. Dios está haciendo algo maravilloso de su vida. Tal vez usted está experimentando el invierno ahora, anímese, la primavera y el verano están de camino.

Si creemos que todas las cosas obran juntas para bien, lo adoraremos en nuestra hora más oscura. Si podemos caminar con el Señor y regocijarnos en el sufrimiento, participaremos de su gloria y de su Presencia. El amor de Jesús por USTED es grande y no le permitirá pasar un invierno eterno. Dios lo está preparando para ser un vencedor y terminar la carrera.

Usted puede sentir que nunca va a llegar, pero créame, Dios es el alfarero y nosotros somos el barro. Él nos moldea primero, luego nos coloca en el fuego para ser endurecidos y hechos útiles. Después que la arcilla ha estado en el fuego por un tiempo, el alfarero la saca y la golpea para oír el sonido que produce. Si el sonido es frío y duro, lo pone de nuevo en el fuego. Él continúa esto hasta que el recipiente produce un sonido de canto encantador. Es casi como si el recipiente estuviese cantando. Es solamente en ese punto del proceso, cuando el recipiente "canta" en el horno, que el alfarero lo saca del fuego y lo usa para su gloria. He aprendido por experiencia que las pruebas, las traiciones, las decepciones, las promesas rotas en el ministerio han sido una preparación para ser promovida en la escuela de Dios y pasar al siguiente nivel de ministerio. Así que cuando vienen las pruebas veo al Alfarero, y me recuerdo a mí misma que tengo que empezar a cantar.

Debemos aprender a apreciar dónde estamos en Dios y estar agradecidos por lo que Él está haciendo en nuestras vidas. Recuerde cantar cuando esté en el horno y pasará menos tiempo en el fuego.

"Regocíjate, oh estéril, la que no daba a luz; levanta canción, y da voces de júbilo, la que nunca estuvo de parto; porque más son los hijos de la desamparada que los de la casada, ha dicho Jehová." Isaías 54:1

Tal vez Dios le está hablando. Si usted tiene un lugar estéril en su vida, comience a cantar y adorar a Dios. No cuente los problemas que tiene, cuente las bendiciones. Entienda que Dios está en control de su vida.

"Por lo demás, hermanos, todo lo que es verdadero, todo lo que es honesto, todo lo justo, todo lo puro, todo lo amable, todo lo que es de buen nombre; si hay virtud alguna, si algo digno de alabanza, en esto pensad." Filipenses 4:8

Si usted está en la hora de media noche, deje que el Espíritu Santo llene su corazón con una canción de adoración en medio de todo esto. Usted puede experimentar Su Presencia en medio de la prueba, y su Presencia le llevará a sobrellevarla.

¡EN SU PRESENCIA LO TENEMOS TODO!

CAPÍTULO 2

RESTAURACIÓN EN SU PRESENCIA

"Y la multitud adoraba, y los cantores cantaban, y los trompeteros sonaban sus trompetas; todo esto duró hasta consumirse el holocausto. Y cuando acabaron de ofrecer, se inclinó el rey, y todos los que con él estaban, y adoraron. "

II Crónicas 29:28-29

Cuando Ezequías tenía 25 años su padre murió y él se convirtió en rey. Lo primero que hizo el primer día, fue abrir las puertas del templo y repararlas. Trajo los sacerdotes y los levitas, y los juntó en la plaza que está al oriente del templo. Estos hombres trabajaron durante dieciséis días seguidos, limpiando el templo, reparando daños, y sacando todas las cosas impuras que había traído Acab al templo. Y volvieron y consagraron todos los objetos sagrados que el padre de Ezequías había quitado. Luego Ezequías quitó los lugares altos, rompió las piedras sagradas, cortó los postes de Asera, y quebró en pedazos la serpiente de bronce que Moisés había levantado en el desierto, porque la gente había comenzado a adorarla. Parece que los israelitas entregaron sus vidas y adoraron a casi todo, menos a Dios. Por esa razón, Ezequías se deshizo de todas las cosas que impedían la adoración a Dios.

Luego, después de dieciséis días, prepararon para el Señor ofrendas y holocaustos por el pecado. En total, se sacrificaron unos seiscientos toros y tres mil ovejas. Entonces miles de personas del pueblo adoraron a Dios en un poderoso servicio de adoración con címbalos, arpas y liras, tal como Dios les había prescrito a través de sus profetas. Fue un maravilloso e increíble día en el Señor. *__Los sacrificios de Dios son un es-__*

*píritu quebrantado; al corazón contrito y humil-
lado no despreciarás tú, oh Dios. "*

(Salmo 51:17)

David nos recuerda que el único camino hacia el perdón es un corazón contrito y un espíritu humilde. Cuando nos acobijamos bajo la misericordia de Dios, Él se deleita en levantarnos. Cuando reconocemos abiertamente que hemos pecado contra Dios, que nos hemos apartado de Él, y clamamos por Su perdón, Dios promete que nos escuchará y nos perdonará. Una vez limpios, cuando oramos, la dulce Presencia de Dios baja sobre nosotros y nos asegura que Él nos ha escuchado, y que está con nosotros. Su Presencia es importante en la restauración.

De muchas maneras la idolatría ha entrado en la iglesia moderna. Ensalzamos a los predicadores, a los músicos, a los métodos y programas. Nos sentimos muy orgullosos de nuestra manera de hacerlo. Así que aparentemente, la idolatría todavía está tratando de abrirse camino en nuestras vidas para distraernos de adorar y obedecer a Dios. *"Hijitos, guardaos de los ídolos."* (1 Juan 5:21)

En todo lo que hagamos y decimos en nuestras vidas, en el ministerio, y en la iglesia, démosle la honra Jesús. Cuando nos arrepentimos y le adoramos, Su Presencia desciende. ¡Oh, mis amigos, busquen la restauración para que adoren buscando Su Presencia, como lo hicieron cuando se enamoraron de Él!

¡EN SU PRESENCIA LO TENEMOS TODO!

CAPÍTULO 3

CONQUISTAR EL TERRITORIO INVISIBLE POR SU PRESENCIA

"Subamos luego, y tomaremos posesión del territorio."

Números 13:30

Caleb y Josué eran dos de los espías que fueron enviados para espiar la tierra prometida. Vieron gigantes en la tierra y, aunque sabían que ellos eran una minoría, volvieron con un buen informe. *"Podemos ir y tomar el país,* " (Números 13: 30)

Diez de los doce espías regresaron trayendo un reporte pesimista, de acuerdo a lo que vieron a través de sus incrédulos corazones. Dijeron, sin rodeos, que no se podía hacer. Sin embargo, Caleb lleno de fe y confianza, creyó la palabra que había recibido de Dios a través de su siervo Moisés: *"Entonces Moisés juró diciendo: Ciertamente la tierra que holló tu pie será parte de ti, y para tus hijos en herencia perpetua, por cuanto cumpliste siguiendo a Jehová mi Dios."* (Josué 14:9)

Los israelitas no conquistaron a sus enemigos en un día. Fue un proceso de día a día. Poco a poco tuvieron que conquistar las tribus paganas para avanzar y reclamar la herencia de la tierra prometida. Las pruebas son necesarias para que usted vea la gloria que Dios tiene guardada para usted. Cuando a Zorobabel se le ordenó reconstruir el Templo, el enemigo se rebeló contra él. Dios le ordenó que procediera, pero no por sí mismo o por su propia habilidad. *"No con ejército, ni con fuerza, sino con mi Espíritu, ha dicho Jehová de los ejércitos."*(Zacarías 4: 6b) Si usted está lleno de Su Presencia, estará capacitado para andar por fe y en victoria. Dios quiere que estemos libres de cualquier cosa que nos impida cumplir con la visión que Él nos ha dado.

Mientras escribo este libro, estoy llevando a cabo una misión en Guatemala. Nos hemos asociado con una iglesia allí para ayudar a construir un Centro de Avivamiento para dos mil quinientas personas, para la gloria de Dios. ¡Este es un proyecto enorme! Cuando el Señor me dijo que me uniera a los pastores Héctor y Betzy Barillas y les ayudara a construir este templo, yo respondí, ¡Este es el proyecto más grande que he emprendido en mi vida! El Señor me respondió: *"Yo soy más grande, y ustedes verán mi gloria en este lugar."* Ahora hemos terminado la primera fase y estamos avanzando por la fe para completar el proyecto, *"ni por la fuerza, ni por el poder, sino por su Espíritu."* Estamos seguros de que su Presencia continuará yendo delante de nosotros y destruirá a los enemigos que se opongan a Su visión.

La visión siempre debe ser más grande que nosotros. El Señor obtiene toda la gloria por las grandes cosas que ha hecho. Su Presencia es nuestro facilitador para conquistar a todos los enemigos que vienen contra nosotros, ya sean circunstancias mentales, espirituales o físicas. Su Presencia nos da la fuerza y la confianza que necesitamos para levantarnos, enderezar nuestros hombros, levantar la cabeza y decir, ¡Voy hacia adelante! Su Presencia nos da el impulso necesario para movernos, en lugar de estancarnos en la derrota, y creer en las mentiras del enemigo. Cuando Su Presencia fluye en nuestra vida, es como un emocionante viaje lleno de aventuras. Es una vida victoriosa con Dios, llena de paz y de poder. Si usted busca su Presencia, Él proveerá todo lo que usted necesita para ser más que vencedor, y permitirle derrotar al enemigo cuando mienta y contradiga la Palabra de Dios. La adoración libera Su Presencia, y sus enemigos caen derrotados.

"¿Por qué te abates, oh alma mía, y te turbas dentro de mí? Espera en Dios." (Salmo 43:5)

¡EN SU PRESENCIA LO TENEMOS TODO!

CAPÍTULO 4

SU PRESENCIA TRAE LA MANIFESTACIÓN DE SU GRACIA

"Y me ha dicho: Bástame mi gracia; porque mi poder se perfecciona en la debilidad. Por tanto, de buena gana me gloriaré más bien en mis debilidades, para que repose sobre mí el poder de Cristo. Por lo tanto, por amor a Cristo me gozo en las debilidades, en afrentas, en angustias; porque cuando soy débil, entonces soy fuerte."

II Corintios 12:9 y 10

He encontrado que necesito esforzarme a entrar en la Presencia de Dios para tener la gracia y la fuerza para hacerlo. Cuando diariamente somos conscientes de nuestra debilidad e incapacidad para, por nuestra propia fuerza, vivir en victoria o incluso cumplir con las tareas que Él nos ha encomendado, entonces encontraremos gracia en Su Presencia. Mientras escribo este libro estoy pasando por una temporada muy difícil, y a través de todo, me doy cuenta que debo apartar mi mente del problema y enfocarme en su Presencia. Cuando permanezco en Su Presencia todo se ve diferente. Le explicaré lo que quiero decir. Durante la temporada de otoño, cuando el follaje es hermoso y hay miríadas de hermosos colores, me pongo mis gafas de sol y veo todo el panorama con color aún más hermoso. Todo se intensifica para que el hermoso color de los árboles se vuelva espléndido. Es un despliegue espectacular de la obra de Dios.

Cuando me enfoco en Su Presencia, adorándolo y viviendo en Su Presencia siento que he cambiado mis lentes y he ampliado mi línea de visión para ver las cosas desde el punto de vista de Dios. Tengo una visión diferente de las cosas, mi perspectiva cambia, todo se ilumina frente a mí, y ya no me enfoco en las nubes del cielo sino en las obras maravillosas de Dios. Cuando las cosas empiezan a parecer tristes y desalentadoras, corro y me pongo mis espirituales lentes de sol y empiezo a ver las cosas de manera diferente. Su gracia se vuelve muy real para mí.

Cada uno de nosotros necesita la manifestación de la gracia de Dios. Pablo tuvo que humillarse para recibir la gracia de Dios. Eche usted mano de Su Presencia y reciba la manifestación de su gracia, y tendrá la habilidad que necesita. No deje que el enemigo le engañe haciéndole creer que usted puede controlarlo todo por USTED mismo, sin Su Presencia. Somos lo que somos por la gracia de Dios. Dios resiste a los orgullosos, pero da gracia a los humildes.

Pablo tenía una espina en su vida. Sin embargo, recuerde que también hay rosas mezcladas con las espinas. Siempre hay un precio a pagar, y siempre hay desafíos a lo largo de nuestro viaje. Hay un precio a paga, si

Dios le ha dado una visión y un ministerio. Dios me ha dado una visión y un mandato para ayudar a la iglesia en Guatemala a completar el Centro de Avivamiento, alimentar a las viudas, enseñar y discipular a otros para que hagan el trabajo misionero; pero hay un precio que pagar por la unción necesaria para hacer ese trabajo. Si yo no me mantengo enfocada en la Presencia de Aquel de quién recibo la fuerza y la gracia para terminar, sería derrotada por el desánimo. Sin embargo, en Su Presencia hay abundante gracia para mantenernos en marcha.

Cuanto mayor sea la unción que tenemos, tanto mayor será el esfuerzo del enemigo para tratar de desanimarnos. Recuerde que el enemigo odia lo que usted está haciendo, si usted lo está haciendo para Dios. El enemigo no molesta a la gente que no hace nada en el Reino. Él está celoso de la unción, y le atacará, pero usted puede estar preparado estando lleno de la Presencia de Dios. El Espíritu Santo le ministrará con una manifestación de su gracia.

Incluso, lo que el enemigo ha planeado para su colapso o derrota, Dios lo cambiará, sacará algo bueno de ello y dará gloria a Su Nombre. Sumergirse en su gracia nos ayuda a prepararnos para esos ataques del enemigo. No importa lo que suceda, usted puede seguir sonriendo, amando y adorando, porque está totalmente lleno de su Presencia para no ser derrotado. Usted podrá decir: *"**Estamos atribulados en todo, mas no angustiados; en apuros, mas no desesperados; perseguidos, más no desamparados; derribados, pero o destruidos.**"* (II Corintios 4:8)

Comience a cambiar las espinas de su arbusto en rosas, enfocándose en Su Presencia, recibiendo la gracia que necesita para cruzar esta trayectoria victoriosamente, y para terminar el trabajo que Dios les ha llamado a hacer. En Su Presencia, hay una unción llena de gracia para ayudarle a usted conquistar cada obstáculo.

¡EN SU PRESENCIA LO TENEMOS TODO!

CAPÍTULO 5

SU PRESENCIA NOS AYUDA ATRAVÉS DE LOS TIEMPOS DE LA VIDA

"Mas yo en ti confío, oh Jehová; digo: Tú eres mi Dios. En tus manos están mis tiempos."

Salmo 31:14-15a

Davidle da gran importancia a la palabra *"tiempos"* en el Salmo31. Cuando vivimos en Su Presencia, y nos deleitamos en ella, los tiempos de la vida tienen mucho más significado. Nuestras vidas no están en manos de extraños, sino en manos del Dios Todopoderoso. Tenemos la fuerza y la motivación para *pelear la buena batalla,* sabiendo que nuestras vidas están en las manos de Dios. En Su

Presencia, podemos tener el coraje de enfrentar las incertidumbres, las pruebas y los sufrimientos, sabiendo que nuestras vidas están en las manos de Dios.

Su Presencia ilumina las complejidades de cada estación de la vida, y entendemos que Dios obra de una manera muy distinta y diferente en cada una de ellas. Su Presencia es necesaria para darnos discernimiento, y proteger nuestro caminar de todas las falsas enseñanzas y falsas profecías. Con Su Presencia, continuamente llenándonos y guiándonos, reconocemos cada día de nuestras vidas la importancia de buscar y vivir en santidad. Su Presencia nos da sabiduría para conocer la voluntad de Dios y para que Él pueda usar nuestras vidas para su gloria. Vivir en Su Presencia proporciona un refugio en tiempos difíciles. Pasamos por varias etapas en la vida, para que Dios pueda llevarnos a una relación más profunda con Él.

En el viaje llamado *"vida"* Dios usa todo lo que existe en la creación, todo lo que podemos ver, tocar, entender o analizar, todo lo que es físico en el mundo material. Dios lo usa todo para que podamos tener una mejor comprensión del mundo espiritual, y nos profundicemos más en el conocimiento de Dios y de Su obra. Cierto es que disfrutamos más cuando estamos en la cumbre de la montaña, pero la fruta se produce en el valle. Si usted se encuentra en tiempo de crecimiento, de cosecha, como en el otoño, prepárese porque el invierno se acerca. Cuando venga un cambio de clima, si usted vive en Su Presencia, Él sonará la alerta o le pondrá una carga para advertirle que se prepare. Esa alerta tiene la intención de llevarle a la oración y a sumergirse más profundamente en su Presencia. Cuando seamos bendecidos, tengamos cuidado de volvernos frívolos y descuidarnos.

Durante el invierno, los árboles pierden sus hojas y no producen fruto. ¿Siente usted que está perdiendo sus hojas? Recuerde, es tan sólo una temporada. Todo le parece como si se estuviese muriendo, pero así es como parece, pero es tan sólo el invierno. El invierno es una estación para quebrarse. La Presencia de Dios se manifiesta aún más en el quebrantamiento. El quebrantamiento atrae la Presencia de Dios. Él está cerca de los quebrantados. El orgullo nos aleja de Dios, pero la humildad y el quebrantamiento nos acercan.

En primavera, la tierra vuelve a ser productiva. El invierno no dejará la tierra improductiva permanentemente. En la primavera Dios nos esconde y nos prepara para producir fruto. Busque usted la luz de Su Presencia, brillando a través de la oscuridad, y sabrá que el invierno ha terminado y que la primavera está en camino. Este es un momento para una mayor intimidad, preparándonos así para una mayor producción. En ese tiempo de comunión con Dios nuestra visión se renueva, nuestra fe se incrementa y nos hacemos más sensibles a la voz del Espíritu Santo. Usted está dejando atrás el invierno lleno de tristeza y dolor. En ese momento Su Presencia le trae palabras de fe, visiones de victoria, y esperanza para su futuro.

"De cierto, de cierto os digo, que si el grano de trigo no cae en tierra y muere, queda solo; pero si muere, lleva mucho fruto." (Juan 12:24)

El invierno es tiempo para orar y estar ante el Señor en su Presencia. Pero durante la primavera es el momento de alimentarse y llevar a cabo nuestra preparación para el verano. La primavera nos prepara para el verano. La primavera nos edifica para cumplir los propósitos de Dios durante la temporada de verano. Tal vez usted ha estado orando para que Dios traiga paz en un conflicto que tiene en su vida. ¿Se siente usted débil y seco? Usted está todavía en invierno. Pero si su fe se está fortaleciendo a través de todo eso, y si usted puede vislumbrar la solución y anticipar la victoria, entonces es que la primavera está llegando a tu vida.

El verano es la temporada de la victoria. Aquellos que han permanecido en Su Presencia sin rendirse, tendrán una temporada de verano, una estación de victoria. Vale la pena estar en Su Presencia. El verano llegará con grandes oportunidades para trabajar y conquistar. Usted pudo llegar hasta el verano y ahora puede ir adelante en el poder y la Presencia del Espíritu, y hacer la obra del Señor con grandes victorias y logros. No importa en cual temporada se encuentra, usted está en las manos de Dios y Él le ha prometido su Presencia, su poder y su fuerza para seguir más allá.

¡EN SU PRESENCIA LO TENEMOS TODO!

CAPÍTULO 6

EN SU PRESENCIA RECORDAMOS LAS OBRAS MARAVILLOSAS DEL SEÑOR

"Me acordaré de las obras de Jehová; sí, hare yo memoria de tus maravillas antiguas."

Salmo 77:11

La Presencia de Dios nos hace pensar en las obras maravillosas que Él ha hecho en nuestra vida pasada y presente. Cuando pienso en la bondad del Señor, empiezo a alabarlo y adorarlo aún más al meditar en todo lo que Él ha hecho y está haciendo en mi vida. Un viejo himno dice: "Descorre la cortina de la memoria de vez en cuando, muéstrame de dónde me has sacado, y adónde podría haber estado." En el Salmo 63:6 David habla de recordar: *"Cuando me acuerde de ti en mi lecho, cuando medite en ti en las vigilias de la noche."*

Yo recuerdo mi salvación - medito en las obras maravillosas del Señor y mi mente me lleva de nuevo a cuando Dios me salvó y me liberó. Muchas veces, cuando surgen circunstancias difíciles, las cosas parecen ser inciertas, y la luz comienza a parpadear, miro hacia atrás y contemplo todo lo que Dios ha hecho y de dónde me ha sacado. Jesús me salvó de siete años de esclavitud satánica, durante los cuales le causé daño a mi cuerpo. Él extendió Su mano hacia mí, me levantó de la esclavitud y lavó mis pecados. Yo recuerdo cómo el diablo trató de destruirme, pero Dios tenía un plan y un propósito para mi vida. El doctor sacudía su cabeza mientras m, diciéndome que Jesucristo, el Salvador del mundo y El dador de la vida, quería liberarme. (I Juan 3:8) Yo recuerdo cómo Dios usó a Nancy Stein para enseñarme la Palabra de Dios y construir una base para mi nueva vida en Cristo. Ella me predicó, me discipuló y me aconsejó. Dios cambió mi vida completamente y me llamó al ministerio que ahora tengo. ¡Oh, cuán grandes y maravillosas son las obras de Dios! *"De modo que si alguno está en Cristo, nueva criatura es; las cosas viejas pasaron; he aquí todas son hechas nuevas."* (II Corintios 5:17)

Cuando se sienta desanimado o deprimido, simplemente entre en la Presencia de Dios y recuerde todo lo que Dios ya ha hecho por usted. Comience a meditar en las obras maravillosas de Dios, y usted se animará una vez más porque Él es el Dios que nunca cambia. Cuando recuerde las obras maravillosas de Dios, usted dejará de enfocarse en sí mismo y se enfocará en lo grande que es Dios.

Yo recuerdo el avivamiento- Pienso cómo Dios me cambió a mí y a mi ministerio en el Avivamiento de Brownsville. Después de llevar veinticinco años en el ministerio y a través de las obras maravillosas de Dios,

Él me dio un encuentro fresco con el Espíritu Santo. Me envió con una visión fresca y una carga para que la iglesia tuviese avivamiento. Ahora mi ministerio siempre enfatiza que *la necesidad más urgente en la iglesia es la Presencia de Dios.* Estoy recordando las obras maravillosas de Dios. En Su presencia recuerdo las obras maravillosas de Dios.

Yo recuerdo cómo Dios me ha sostenido - recuerdo cómo Dios me ha dado la victoria a través de las muchas pruebas y dificultades. Sus obras maravillosas me han sostenido a través de cincuenta años de ministerio. Él me ha sostenido y fortalecido a pesar de las circunstancias, a pesar de la persecución, las ofensas, los malentendidos, los problemas, las enfermedades y las necesidades financieras. La mano de Dios me ha protegido, y Él me ha dado la victoria a través de todas esas cosas. Las obras maravillosas de Dios me han dado cada día, y a pesar de todo, razón para seguir, no solamente dándole gracias, sino adorándolo.

Yo recuerdo cuando me sentía inadecuada para ministrar a la gente que habla español, y Dios sobrenaturalmente me dio el idioma. Cuando nos Él llama, Él nos capacita. Cuando las cosas comienzan a abrumarme, es tiempo de entrar en su Presencia y comenzar a recordar las obras maravillosas de Dios. *"Yo sé a quién he creído, y estoy seguro que Él es poderoso para guardar mi depósito para aquel día."* (2 Timoteo 1:12 a)

¡Mi amigo, anímese, comience a pensar en las maravillosas obras de Dios, y a da gracias por todo lo que ha hecho! *"Mayor es El que está en TI que el que está en el mundo."* (I Juan 4: 4b)

¡EN SU PRESENCIA LO TENEMOS TODO!

CAPÍTULO 7

EN SU PRESENCIA EL MIEDO SE CAMBIA EN FE

"Porque no nos ha dado Dios espíritu de cobardía, sino de poder, de amor y de dominio propio."

II Timoteo 1:7

Cuando el miedo comienza a apoderarse de mi corazón, sé que es hora de entrar en Su Presencia. Hay momentos en que las preocupaciones ordinarias o los grandes problemas de la vida pueden precipitar un espíritu de miedo. La solución es una combinación perfecta entre sumergirme en Su Presencia y aplicar la Palabra. Es por eso que podemos tener la victoria, incluso sin que las circunstancias cambien y tener alegría en medio de las circunstancias. La felicidad no depende de mis circunstancias porque Dios nos da gozo y paz en medio de ellas. Si vamos a ser todo lo que Dios quiere que seamos, debemos romper la barrera del miedo.

En Su Presencia, Dios cambiará nuestra manera de hablar acerca del miedo.

El miedo exige una explicación lógica.

La fe avanza viendo lo invisible.

El miedo reacciona a las circunstancias.

La fe desafía las circunstancias.

El miedo compromete.

La fe tiene el valor de sus convicciones.

El miedo dice que no se puede hacer.

La fe dice, *"Todo lo puedo en Cristo que me fortalece."* (Filipenses 4:13)

El miedo paraliza.

La fe capacita.

El miedo impide seguir adelante.

La fe da poder para nunca volver atrás.

El miedo llena de frustración, preocupación y ansiedad.

La fe llena el corazón de confianza y determinación.

El miedo proyecta una sombra negativa en todo lo que se intenta hacer.

La fe impide lanzarse hacia lo desconocido. *"Fiel es el que os llama, el cual también lo hará."* (I Tesalonicenses 5:24)

El miedo abandona.

La fe sostiene.

El miedo impide lograr la meta.

La fe declara, *"Prosigo a la meta, al premio del supremo llamamiento de Dios en Cristo Jesús."* (Filipenses 3:14)

El miedo calcula el costo y lo encuentra alto. *"Pero de ninguna cosa hago caso, ni estimo preciosa mi vida para mí mismo, con tal que acabe mi carrera con gozo, y el ministerio que recibí del Señor Jesús para dar testimonio del evangelio de la gracia de*

Dios." (Hechos 20:24)

Fe es lo contrario de miedo.

El enemigo agranda nuestras circunstancias adversas y las exagera para que nos demos por vencidos, o comencemos a pensar en lo peor que podría ocurrir. Sea sabio, discierna cómo trabaja el enemigo contra usted; entre en la Presencia para sumergirte más hondo cuando las cosas se pongan difíciles, y recuerde las palabras del Salmista. ***Dios es nuestro amparo y fortaleza, nuestro pronto auxilio en las tribulaciones. Por lo tanto, no temeremos, aunque la tierra sea removida, y se traspasen los montes al corazón de la mar."*** (Salmo 46:1y 2) y en el verso 10 dice, ***"Estad quietos, y conoced que yo soy Dios."***

¡EN SU PRESENCIA LO TENEMOS TODO!

CAPÍTULO 8

EN SU PRESENCIA LAS MENTES NEGATIVAS SE DESMORONAN

"Por lo demás, hermanos, todo lo que es verdadero, todo lo honesto, todo lo justo, todo lo puro, todo lo amable, todo lo que es de buen nombre,; si hay virtud alguna, si algo digno de alabanza, en esto pensad. Lo que aprendiste de mí, esto haced; y el Dios de paz estará con vosotros."

Filipenses 4:8-9

Permanecer en Su Presencia y practicar su Presencia protegerá su mente y le permitirá tener buenos pensamientos. Mientras los cristianos vivan en un mundo temeroso y estresante, tendrán pensamientos negativos. Tenemos la opción de eliminar esos pensamientos o de nutrirlos. La buena noticia es que los pensamientos negativos pueden ser reemplazados por pensamientos positivos. Cuanto más reemplacemos esos pensamientos negativos por Su divina Presencia, tanto más experimentaremos paz y alegría.

La lucha contra el pensamiento negativo es una batalla por la mente. El apóstol Pablo dice a los creyentes en qué deben pensar, en cosas que son verdaderas, nobles, justas, puras, encantadoras, utópicas, excelentes y loables. Cuando llega un pensamiento negativo, el creyente es capaz de sacarlo de la mente y reemplazarlo con un pensamiento divino. *"Derribando argumentos y toda altivez que se levanta contra el conocimiento de Dios, y llevando cautivo todo pensamiento a la obediencia da Cristo."* (II Corintios 10:5) Debemos tener cuidado con todo lo que se cruza por nuestra mente; no le permitamos andar suelta y sin rumbo. En nuestra guerra espiritual, se nos ha dado el casco de la salvación, la armadura espiritual para proteger la *mente.*

La oración es una parte clave para vencer la negatividad. Jesús enseñó que la oración debe incluir la adoración al Padre y un enfoque en Su santidad. Mientras oramos, *con acción de gracias,* nos enfocamos en las bendiciones que hemos recibido, y no dejamos espacio para pensamientos negativos. Esas cosas en la que se enfoca nuestra mente son las que influenciarán nuestras vidas, y eventualmente darán forma a lo que somos.

Nuestros pensamientos se convierten en sentimientos, y estos tienen el poder de controlar nuestras vidas, llevándonos gradualmente en una dirección contraria, y posiblemente afectando nuestra fe. A menudo son nuestros pensamientos, no nuestras circunstancias, los que nos hunden. Nuestros pensamientos tienen poder y pueden fácilmente comenzar a dirigir nuestras vidas, controlando nuestras palabras y acciones, sentimientos y emociones-incluso nuestra paz y felicidad. Cuando el desencanto aplasta nuestros sueños, cuando la gente nos hace daño o nos enfurece, o cuando los problemas parecen abrumadores, es fácil quedar atrapados en la corriente de los pensamientos negativos. Cuando tenemos pensamientos negativos, sentimos sentimientos negativos, y llegamos a creer que la vida es negativa en general.

Cuando usted se llena de la Presencia de Dios, Él satura su mente con pensamientos basados en la Biblia. Es importante leer y estudiar la Palabra de Dios y también estar en Su presencia. O sea que las dos cosas juntas son la combinación perfecta para tener la victoria sobre la mente. Busque Su Presencia y cambie su mente. No permita que sus pensamientos controlen su vida. Dios tiene algo más grande para USTED.

¡EN SU PRESENCIA LO TENEMOS TODO!

CAPÍTULO 9

EN SU PRESENCIA PODEMOS VER LO INVISIBLE

"No mirando las cosas que se ven, sino las que no se ven; pues las cosas que se ven son temporales, pero las que no se ven son eternas."

II Corintios 4:18

En Su Presencia, usted puede aprender a ver las cosas invisibles de Dios, las eternas y sobrenaturales. La mayor parte de lo que recibimos espiritualmente proviene del mundo espiritual, del Espíritu de Dios. Posiblemente una de las mayores paradojas de la Biblia es *ver lo invisible*. Esto nos muestra que podemos ver cosas sin mirarlas, y podemos ver cosas que en lo natural son invisibles.

Es posible que usted haya experimentado esto que estoy diciendo. ¿Cuántas veces ha estado usted mirando algo con sus ojos pero tu mente estaba a kilómetros de distancia? Usted tenía conciencia de lo que tenía delante de sus ojos, pero con el ojo de la imaginación estaba mirando algo que nadie más podía ver con sus ojos naturales. La Biblia nos enseña acerca de un mundo que es visible y un mundo que es invisible. El apóstol Pablo nos enseña que el mundo que se ve con el ojo natural es temporal, y las cosas que no se ven son eternas.

Entendemos que hay poderes que trabajan en nuestro favor, y hay poderes que trabajan en nuestra contra. Pablo estaba consciente de esta batalla espiritual cuando dijo: *"Porque no tenemos lucha contra sangre y carne, sino contra principados, contra potestades, contra los gobernadores de las tinieblas de este siglo, contra huestes espirituales de maldad en las regiones celestiales."* (Efesios 6:12) Aunque necesitamos estar consciente de los artimañas del diablo, y tener discernimiento sobre cómo debemos luchar contra él, no nos es beneficioso concentrarnos en las fuerzas negativas, restringiendo así nuestra comprensión del mundo invisible de Dios. Para entender este concepto de ver lo invisible, quiero llamar su atención sobre la historia de Eliseo y el ejército de ángeles.

La historia está en 2 Reyes 6. El rey de Arán decidió enviar un gran grupo de soldados a la ciudad de Dotán para capturar a Eliseo a fin de que no pudiera ayudar a Israel a ganar la guerra. Los versos 14 y 15 describen lo que sucede a continuación: *"Entonces envió el rey allá gente de a caballos, y carros, y un gran ejército, los cuales vinieron de noche, y sitiaron la ciudad. -¡Ah, señor mío! ¿Qué hacemos? el criado preguntó."* Al estar rodeado sin escape por un gran ejército, aterrorizó al sirviente, quién en este momento sólo podía ver el ejército terrenal dispuesto a capturar a Eliseo. La historia continúa en los versículos 16 y 17: *"No tengas miedo, respondió el profeta, porque más son los que están con nosotros que los que están con ellos. Y Eliseo oró: Te ruego, oh Jehová, que abras sus ojos para que vea. Entonces el Jehová abrió los ojos del criado, y miró; y he aquí que el monte estaba lleno de gente de a caballo, y de carros de fuego alrededor de Eliseo."* Cuando estamos en Su Presencia nos damos cuenta de lo mucho que Dios hace para proveer y proteger a Sus hijos.

¡EN SU PRESENCIA LO TENEMOS TODO!

CAPÍTULO 10

EN SU PRESENCIA ESPERAMOS ADORANDO

"Aguarda a Jehová, esfuérzate, y aliéntese tu corazón; sí, espera en Jehová."

Salmo 27:14

Porque vivimos en una sociedad de *"microondas y al instante"* haciendo lo imposible evitar esperar, me doy cuenta de que la orden de esperar puede ser difícil. Lo que estoy tratando de decir es que tenemos que dejar de buscar un milagro o una respuesta al instante, y mientras esperamos, adoremos a Dios. Lo importante es nuestra relación con Dios y no únicamente obtener lo que necesitamos. Es posible que usted desee algo de Dios, pero la realidad de la situación es que Dios quiere más de usted. Trate de adorar mientras espera. Siempre estamos buscando una manera de ahorrar tiempo o de buscar el camino más corto ya sea para aprender un idioma o esperar algo por el correo. La era de la alta tecnología ha hecho que todo se consiga apretando un botón, hasta tal punto en que ya podemos tener una oficina móvil dentro de un teléfono celular. Desafortunadamente, ese espíritu ha entrado en la iglesia. Incluso tenemos seminarios y conferencias sobre cómo, en pocos pasos, se puede atar al diablo y sanar a los enfermos, a pesar del hecho de que ni siquiera hemos conquistado la carne y el amor del mundo. La manipulación espiritual y la lujuria por el poder han engañado a la gente al creer que pueden evitar la Cruz, y sólo hace falta *nombrar* y *reclamar* lo que quieren.

Nos hemos apartado de predicar a Cristo, y a Él crucificado, y hemos buscado agradar al hombre más que a Dios. Y encima nos preguntamos por qué no hay avivamiento. Dios no es un Dios que puede ser burlado, pensando que tenemos a nuestra disposición todos los botones espirituales adecuados para apretarlos y conseguir lo que queremos, sin tener una relación con Él. ¡Eso ciertamente no va a suceder! Aquellos que parecen haber ganado o logrado el éxito con el síndrome del ministerio de alta tecnología, y han evitado la relación con Dios y la muerte al ego, han caído porque han tomado las cosas en sus propias manos en lugar de hacer las cosas a la manera de Dios. Parece como si hubiésemos sacado a Dios de nuestras oraciones y estuviésemos confiando en los métodos de alta tecnología.

Adorar mientras esperamos nos dará más hambre de su Presencia. Los hombres de antaño que lideraron avivamientos, sabían lo que era esperar en Dios, y la importancia de adorarle profundizando la intimidad con Él. Desde el momento en que Dios me cambió y me dio una intimidad más profunda con el Espíritu

Santo, comencé a desearlo a Él más que satisfacer mis necesidades. Busco Su presencia, no Su poder, y Él me da todo lo que necesito, o mejor dicho, lo que Él piensa que necesito.

Cuando usted está en espera de un milagro, usted puede declarar la Palabra de Dios pero asegúrese de hacerlo en su Presencia. No se trata de una varilla mágica que agitamos ante Dios para conseguir lo que queremos. A Dios no lo vamos a manipular con nuestros gritos, exigencias o atando al diablo porque creemos que es él el que impide la repuesta. ¿Por qué no tratar de ser paciente, esperar en Dios, y mientras esperamos, intentar adorarlo? Nuestra necesidad caerá en las sombras frente a la realidad y la manifestación de su dulce y preciosa Presencia.

¡EN SU PRESENCIA LO TENEMOS TODO!

CAPÍTULO 11

EN SU PRESENCIA HAY PAZ EN MEDIO DE LA TORMENTA

"levantándose, reprendió al viento, y dijo al mar:
Calla, enmudece. Y cesó el viento, y se hizo
grande bonanza."

Marcos 4:39

Mientras Jesús y sus discípulos estaban en la barca cruzando un lago, posiblemente el Mar de Galilea, una tormenta aterrorizó a sus discípulos mientras Jesús dormía. El barco estaba a punto de hundirse bajo el azote de las olas. El barco comenzó a llenarse de agua, y Jesús seguía durmiendo, poniendo a prueba a los discípulos. El barco en el que estaban probablemente era una barquilla con velas tal como las que se utilizaban para pescar en el lago. Los discípulos despertaron a Jesús, temerosos de que la tormenta les hiciera daño. Entonces, milagrosamente, Jesús calmó la tormenta. *"Y entrando él en la barca, sus discípulos le siguieron. Y he aquí que se levantó en el mar una tempestad tan grande que las olas cubrían la barca; pero él dormía. Y vinieron sus discípulos y le despertaron, diciendo: ¡Señor, sálvanos, que perecemos! Él les dijo: ¿Por qué teméis, hombres de poca fe? Entonces, levantándose, reprendió a los vientos y al mar; y se hizo grande bonanza.* (Mateo8:23-26)

El mundo es pecaminoso y está descompuesto, lo que significa que estamos destinados a experimentar enfermedades, pérdidas financieras, relaciones dolorosas, y finalmente la muerte. Muchos de los que tienen fe verdadera, son débiles en ella. La Presencia de Dios puede calmarnos durante las tormentas de nuestra vida, dándonos paz y consuelo. La Presencia de Dios, hecha realidad diariamente en nuestra vida, nos fortalecerá y nos preparará para esos momentos en que el miedo se apodera de nosotros como las olas cubriendo el barco, y cuando los pensamientos desalentadores hacen que la tormenta parezca peor. Cuando las aguas de la vida parecen volcarse sobre nosotros, amenazando con destruirnos, podemos descansar sabiendo que Él está con nosotros, y nos llenará de paz si permanecemos en Su Presencia. Cuando David se sentía deprimido a causa de la tormenta por la que estaba cruzando, dijo así en el Salmo 42:1: ***"Como el ciervo brama por las corrientes de agua, así clama por ti, oh Dios, el alma mía."*** Dios espera que usted busque Su Presencia para que Él pueda darle la victoria.

Como los ciervos braman por las corrientes de agua, así mi alma te anhela.
Sólo tú eres el deseo de mi corazón y yo anhelo adorarte.
Sólo tú eres mi fuerza, mi escudo.
A ti solo elevo mi espíritu.
Sólo tú eres el deseo de mi corazón y yo anhelo adorarte.

Eres mi amigo y mi hermano aunque seas un rey.

Te amo más que a cualquier otra cosa, mucho más que nada.

Sólo tú eres mi fuerza, mi escudo.

A ti solo elevo mi espíritu.

Sólo tú eres el deseo de mi corazón y yo anhelo adorarte.

Como los ciervos braman por las corrientes de agua, así mi alma te anhela.

Sólo tú eres el deseo de mi corazón y yo anhelo adorarte.

Sólo tú eres mi fuerza, mi escudo.

A ti solo elevo mi espíritu.

Sólo tú eres el deseo de mi corazón y yo anhelo adorarte.

Sólo tú eres mi fuerza mi escudo.

A ti solo elevo mi espíritu.

Sólo tú eres el deseo de mi corazón y yo anhelo adorarte.

Himno escrito por MARTIN NYSTROM

¡Anímese, la Presencia de Dios puede cambiar la más feroz y amenazante tormenta de la vida!

¡EN SU PRESENCIA LO TENEMOS TODO

CAPÍTULO 12

EN SU PRESENCIA DIOS DA LAS DIRECCIONES PARA LA BATALLA

"No temáis ni os amedrentéis delante de esta multitud tan grande, porque no es vuestra la guerra, sino de Dios."

II Crónicas 20:15b

A Josafat le llegaron malas noticias. Oyó que se avecinaba una batalla y que sus enemigos venían contra él. Se llenó de confusión y miedo. *"Y acudieron algunos y dieron aviso a Josafat, diciendo: Contra ti viene una gran multitud."* II Crónicas 20:2 Convocó un ayuno y buscó al Señor, clamando y expresando su completa incapacidad sin Él. Le dijo a Dios que se sentía completamente desesperado sin Él.

"¡Oh Dios nuestro! ¿No los juzgarás tú? Porque en nosotros no hay fuerza contra tan grande multitud que viene contra nosotros; no sabemos qué hacer, y a ti volvemos nuestros ojos." II Crónicas 20:12

La dirección que usted necesita tomar viene de Su Presencia. Comience diciéndole a Dios lo incapaz que usted es para resolver el problema. Muchas veces cometemos el gran error de decirle a Dios cómo debe resolverlo. No se acerque a Dios con la mente decidida de cómo resolver el problema, y qué vía tomar. Dios ya ha trazado la salida. Es sólo en Su Presencia que usted puede relajarse, descansar sus manos, entregar sus planes y tener un corazón paciente, lleno de adoración, y abierto para escuchar al Señor.

Dios responde a sus siervos cuando vienen a Él con la debida actitud, expresando con una oración humilde su desesperación, tal como lo hizo Josafat. *"Jehová os dice así: No temáis delante de esta multitud tan grande, porque no es vuestra la guerra, sino de Dios.*" II Crónicas 20:15b La dirección que Dios le dio a Josafat para conseguir la victoria fue así: **"No habrá para qué peleéis vosotros en este caso; paraos, estad quietos, y ved la salvación de Jehová con vosotros. Oh Judá y Jerusalén, no temáis ni desmayéis; salid mañana contra ellos, porque Jehová estará con vosotros.** " II Crónicas 20:17 Las direcciones específicas para la batalla eran que no tendrían que luchar, sencillamente quedarse quietos y tomar sus posiciones.

Mi amigo, usted no tendrá que pelear esta batalla. Únicamente tiene que mantenerse firme. Muchas veces nosotros nos metemos en batallas que Dios nunca quiso que peleáramos. Hay momentos en que tenemos que pelear la buena batalla de la fe, pero únicamente en Su Presencia recibiremos la dirección que tendremos que seguir.

Ellos tomaron su posición, parándose y adorando a Dios, y vemos que sus enemigos se confundieron porque Dios puso emboscadas en su camino, y se mataron unos a otros. *"Y cuando comenzaron a entonar cantos de alabanza, Jehová puso contra los hijos de Amón, de Moab y del monte de Seir, las emboscadas de ellos mismos que venían contra Judá, y se mataron los unos a los otros."* II Crónicas 20:22

Esto es tan impresionante porque la adoración confunde al diablo. Métase en Su Presencia y reciba las órdenes para la batalla, y no se meta en guerras que no le han sido asignadas. Tal vez mucha de su frustración y derrota es porque usted está ejecutando su plan en lugar de dejar a Dios. *"Por Jehová son ordenados los pasos del hombre, y él aprueba su camino."* Salmo 37:23

Recuerde que es de acuerdo a cómo usted actúe en el desierto durante la lucha, que se determinará cuánto tiempo durará la batalla. En Su Presencia Dios lo mantendrá fuerte y le dará la gracia para hacer lo que usted necesite hacer. En Su Presencia, Él le consolará cuando el camino se le haga largo y su fuerza se debilite porque usted ha sido probado duramente. *"Mi carne y mi corazón desfallecen; más la roca de mi corazón y mi porción es Dios para siempre."* Salmo 73:26

Escóndase usted mismo en Su Presencia, y Él cuidará de usted. *"Fíate de Jehová de todo tu corazón, y no te apoyes en tu propia prudencia. Reconócelo en todos tus caminos y él enderezará tus veredas."* Proverbios 3:5-6 Si confiamos en el Señor, no podemos depender de nuestra propia habilidad para entender todo lo que Dios está haciendo.

En Su Presencia, Dios le dará todo lo que necesita para ser victorioso. A veces simplemente Él pondrá un escudo alrededor de usted para que nada pueda atravesarlo para atacarle. Otras veces, Dios se pondrá al frente para echar fuera al enemigo. Aquí es donde Dios tomará la cabeza del enemigo y peleará con ella. A veces Dios peleará la verdadera batalla a través de usted. Otras veces Él simplemente le dirá a usted que mantenga su posición y que absolutamente no haga nada, como hizo con Josafat. Entonces Dios mismo peleará para totalmente detener el ataque que viene contra usted. Dios le mostrará cuán poderoso y cuán grande realmente Él es, cuando batalle personalmente para protegerlo a usted. De una manera o de otra, Dios le dará un plan personal para la batalla, y usted lo recibirá en Su Presencia.

¡EN SU PRESENCIA LO TENEMOS TODO!

CAPÍTULO 13

EN SU PRESENCIA TENEMOS GOZO EN MEDIO DE LAS PRUEBAS

"El corazón contento tiene un banquete."

Proverbios 15:15

Enfóquense en la soberanía y el Propósito De Dios en la prueba, y aprenda a relajarse en Su Presencia. Cuando usted se enfoca en el hecho de que Dios tiene el control, y tiene un propósito en todo lo que pasa en nuestras vidas, podemos relajarnos en su Presencia. *"En lo cual vosotros os alegráis, aunque ahora por un poco de tiempo, si es necesario, tengáis que ser afligidos en diversas pruebas, para que sometida a prueba vuestra fe, mucho más preciosa que el oro, el cual aunque perecedero se prueba con fuego, sea hallada en alabanza, gloria y honra cuando sea manifestado Jesucristo."*" I Pedro 1:6-7

Es posible perder el gozo de la salvación al pecar. La evidencia está en David. Note cómo él oró: *"Vuélveme el gozo de tu salvación, y espíritu noble me sustente."* Salmo 51:12 ¿Por qué perdió David el gozo de su salvación? El salmo nos dice que fue por su pecado. **"Contra ti, contra ti solo he pecado, y he hecho lo malo delante de tus ojos; para que seas reconocido justo en tu palabra, y tenido puro en tu juicio."** Salmo 51:4

Pablo consideró sus pruebas como cortas y momentáneas. Pedro las vio como poca cosa en comparación con las glorias eternas. Así las debemos de ver nosotros. Necesitamos tener una perspectiva eterna para tener gozo en medio de nuestras pruebas. Si sólo estamos pensando en mañana, el próximo año, o dentro de treinta años, no tendremos un gozo permanente. Debemos tener una visión eterna, fruto de estar en Su Presencia. Nuestras pruebas se vuelven ligeras y transitorias cuando se ven a la luz de la eternidad. Por lo tanto, podemos tener gozo viviendo en Su Presencia. Saturándonos de ella tenemos los pensamientos de Dios que trascienden los pensamientos naturales, y estaremos llenos de gozo. Pero debemos tomar la decisión de tener gozo y desear Su Presencia. Dios quiere ser real en nuestras vidas, y entonces es cuando nos llenamos del verdadero gozo.

En este punto me gustaría dar algunos consejos personales que Lois y yo hemos aprendido a lo largo de 50 años de ministerio. No se imaginan cuantas pruebas y tribulaciones hemos tenido, y de cuantas maneras el enemigo ha intentado sabotear nuestra visión y debilitar nuestra alegría y fortaleza. Compartiré un ejemplo que me parece monumental. A principios de la década de los ochenta, me encontraba en la República Dominicana invitada como oradora en la convención nacional, y para celebrar cruzadas. Yo tenía un intérprete que viajó conmigo durante meses, pero un buen día me anunció que tenía que regresar a los Estados Unidos. Oré y le pedí a Dios que enviara otro intérprete. El Señor dijo: ***"Ve, yo estoy contigo, si puedes creer, todas las cosas son posibles para aquel que cree."*** Marcos 9: 23 Llegué a la iglesia donde estaba teniendo una cruzada sintiéndome muy nerviosa. Traté de comunicarme con el pastor, pero como él no hablaba inglés, no nos entendimos. Cuando llegó el momento de predicar el pastor me dio el micrófono, y para el asombro de todos, y más aún de mí misma, di mi primer mensaje en español. Pero antes de que ocurriera este milagro pasé por una prueba, una enfermedad física severa. Me aconsejaron que me tomara unas vacaciones y luego volviera para continuar. Sin embargo, el Señor no me lo permitió. Él me dio gozo en medio de mi prueba, mientras yo pasaba el día esperando en su Presencia y en la noche predicando en la cruzada. Yo estaba tan feliz que no me fui, sino que esperé en su Presencia. Cuando Dios me dio la habilidad de hablar español, me dijo que usara el vocabulario que me había dado y que Él me daría más. Esto es exactamente lo que ha sucedido. A través de los años, mi vocabulario ha aumentado. En Su Presencia Dios me dio la fuerza para quedarme y no huir, para soportar la prueba con gozo sobrenatural, e hizo un milagro que transformaría mi ministerio bilingüe.

Aprender a pasar por pruebas sin perder el gozo es un paso monumental para vivir la vida cristiana victoriosa. Es por esa razón que me estoy extendiendo un poco más sobre este tema. Recuerde que dije, el gozo es una elección. Aprender a reírse de uno mismo ayudará. Si usted puede reírse, escoja el gozo. Jesús nos dio Su verdad para que Su gozo esté en nosotros. Cuando eso sucede nuestro gozo está completo. *"Estas cosas os he hablado, para que mi gozo esté en vosotros, y vuestro gozo sea completo."* Juan 15: 11

Si usted escoge el gozo, no será destruido por las pruebas o las circunstancias en las que se encuentra. Si elige el gozo no prestará atención a qué día de la semana es, o a la edad que tiene, o a las noticias de las seis de la tarde. De hecho, usted puede tener 85 años pero tiene tanto gozo que nadie nota su edad, porque en realidad, no se nota. Lo que se nota es su actitud positiva y victoriosa, y eso es lo que mantiene joven. Eso no quiere decir que no nos damos cuenta de las vicisitudes de la vida, pero no permitimos que nos destruyan espiritualmente porque escogemos el gozo. Podemos decidir reír porque hemos elegido el gozo. No es que lo estamos esperando o deseándolo, es que lo sentimos. No sé por lo que esté pasando hoy, amigo mío, pero puedo decirle por experiencia que es hora de reírse. En Su Presencia usted puede aprender a elegir el gozo y ser transformado por él. Salomón tenía toda la razón cuando dijo: *"Un corazón alegre constituye buen remedio, mas un espíritu triste seca los huesos."* Proverbios 17:22 ¿Sabía usted que la risa realmente funciona como una medicina para nuestro cuerpo? Ejercita los pulmones y estimula la circulación. Aleja nuestra mente de los problemas y le da masajes a nuestras emociones. La risa disminuye la tensión. Cuando uno se ríe, una especie de anestesia se libera dentro de nosotros y bloquea el dolor al desviar nuestra atención.

Quizá usted ha oído hablar de la tremenda experiencia que tuvo Norman Cousins. Él nos cuenta sobre la batalla que tuvo con una enfermedad incurable, y el dolor que soportó a medida que le colágeno de su cuerpo se iba deteriorando. Decidió tratarse por sí mismo con alimentos saludables y con vitaminas, y con algo más, con *terapia de la risa*. Se puso a mirar videoclips de cámaras indiscretas y dibujos animados, películas de payasos y comediantes, con el fin de poder reírse. Se dio cuenta que si se reía por diez minutos al día, podía estar dos horas sin dolor. Para sorpresa de su médico, se recuperó. Esta historia nos recuerda que *El corazón contento tiene un banquete continuo.* Proverbios 15:15 Déjeme decirle que hay gozo en la Presencia de Dios, y que usted puede aprender a reírse en medio de la prueba. Si los cómicos y los payasos pudieron hacer reír a Norman Cousins, cuanto más se desatará el poder sanador que fluye del gozo de Su Presencia.

Es tiempo de alegrarnos en Su Presencia; los resultados serán mayores de lo que usted piensa. Cuando usted vive en Su Presencia, la bandera que flota sobre el castillo de su corazón, anuncia que ahí vive el Rey. Yo puedo escoger tener gozo a pesar de los obstáculos y problemas que vengan sobre mí, porque sé que Dios tiene todo el control, que Él está en medio de lo que ya pasó, de lo que me está pasando, y de lo que pasará. Deje ya de esperar sentir algo o a tener un impulso emocional, tome la decisión hoy de tener gozo indescriptible lleno de gloria.

¡EN SU PRESENCIA LO TENEMOS TODO!

CAPÍTULO 14

EN SU PRESENCIA APRENDEMOS A HABLAR

"La muerte y la vida están en poder de la lengua, y el que la ama comerá de sus frutos."

Proverbios 18:21

Cuando usted vive en Su Presencia, Dios le da sabiduría para discernir si debe pasar por una prueba o declarar Su Palabra sobre ella. Si el Señor le muestra que es una prueba o una batalla que debe pelear en el Espíritu y vencerla, entonces mire el caso de David venciendo a Goliat. David tuvo que derrotar a Goliat antes de convertirse en rey. Tal vez Dios le ha llamado al ministerio o le ha dado una promesa, o ha declarado algo sobre su vida, su familia o sus finanzas. Estoy segura de una cosa, antes de que usted sea coronado rey en esa área, antes de que tenga tu victoria, usted tendrás que derrotar a Goliat. El mundo dice que necesitas verlo para creerlo, pero Dios dice que debes creer y entonces lo verás. Usted debe hablar por fe. Usted no puede derrotar a Goliat con la boca cerrada. David no se enfrentó con Goliat con la boca cerrada. Él se enfrentó profetizándole a Goliat su derrota. No esperó a ver qué pasaría para luego dar el informe. Él estaba profetizando lo que iba a suceder antes que sucediera. Estaba llamando a esas cosas que no son como si lo fueran. Veamos lo que dijo David cuando se enfrentó Goliat.

"Entonces dijo David al filisteo: Tu vienes a mí con espada y lanza y jabalina; mas yo vengo a ti en el nombre de Jehová de los ejércitos, el Dios de los escuadrones de Israel, a quien tú has provocado. Jehová te entregará hoy en mis manos, y yo te venceré, y te cortaré la cabeza, y daré hoy los cuerpos de los

filisteos a las aves del cielo y a las bestias de la tierra; y toda la tierra sabrá que hay Dios en Israel." I Samuel 17:45-46

La Biblia dice que cuando Goliat se acercó para encontrarse con David, este corrió hacia la línea de batalla. No huyó de Goliat sino que sabía el resultado de antemano, y cómo iba a suceder. Cuando usted está en su Presencia, sabe por el Señor cual será el resultado. Su Presencia le da la confianza para mantenerse firme y declarar la Palabra del Señor. ¿Qué sale de su boca cuando usted está asustado, frustrado o decepcionado? Es tiempo de buscar Su Presencia y tendrá el discernimiento sobre la situación, el valor y la fe para declarar la Palabra de Dios según Su voluntad. Procediendo desde Su Presencia, usted tendrá el poder para derrotar a Goliat.

Conozco a una persona que fue diagnosticada con cáncer terminal. Hizo una lista de cuarenta pasajes de las Escrituras sobre sanidad. Durante todo el día, citaba esas Escrituras y decía cosas tales como, *" no moriré, sino que viviré y contaré las obras del Señor. Mi salud será restablecida, y él me saciará de larga vida,"* Salmos 118: 17. Dios la sanó gradualmente de manera sobrenatural. Esto lo puede usted hacer también en Su Presencia. No es un método mágico, pero debe hacerse en su Presencia. Cuídese también de no hablar negativamente. La Palabra de Dios dice que soy fuerte y sano y que tengo el favor de Dios y soy bendecido.

¡EN SU PRESENCIA LO TENEMOS TODO!

CAPÍTULO 15

EN SU PRESENCIA ENCONTRAMOS RESISTENCIA

"Pero de ninguna cosa hago caso, ni estimo preciosa mi vida para mí mismo, con tal que acabe mi carrera con gozo, y el ministerio que recibí del Señor Jesús, para dar testimonio del evangelio de la gracia de Dios."

Hechos 20:24

En Su Presencia, desarrollamos nuestros músculos espirituales y nuestra habilidad para soportar y perseverar. Esta es la definición de *resistencia* en los diccionarios: El poder de soportar o aguantar el dolor, las dificultades, etc. la capacidad o la fuerza para continuar o seguir, sobre todo a pesar de la fatiga, el estrés, u otras condiciones adversas. Los atletas tienen resistencia física.

La perseverancia viene originalmente del latín *perseverantia* y significa acatar algo estrictamente. Esto tiene sentido, porque si uno sigue haciendo algo a pesar de toda la dificultad, está siendo estricto consigo mismo. Tener una visión más grande que nuestra habilidad para lograrla, eso es perseverancia. Una persona perseverante cree que lo que Dios dice es verdad, pero también confía y voluntariamente soporta las pruebas con una actitud de esperanza realista. No se queja constantemente con Dios para que lo arregle todo al instante. La habilidad de perseverar y soportar viene de Su Presencia. Pablo habló de la perseverancia cuando dijo*: "Prosigo a la meta al premio del supremo llamamiento de Dios en Cristo Jesús."*

Filipenses 3:14

"Pero una mujer que desde hacía doce años padecía de flujo de sangre, y había sufrido mucho de los

médicos, y gastado todo lo que tenía, y nada había aprovechado, antes le iba peor, cuando oyó hablar de Jesús, vino por detrás entre la multitud, y tocó su manto porque decía: Si tocare tan solamente su manto, seré salva. Y en seguida la fuente de su sangre se secó; y sintió en el cuerpo que estaba sana de aquel azote. " Mark 5:25-29 Esta era una mujer con determinación que perseveró a pesar de la ley que decía que ella estaba impura. Nadie debía tocarla, y los que la tocasen, ellos también serían impuros. Su religión le prohibía interactuar y mezclarse con los demás. Ella perseveró, saltándose las leyes religiosas de su época, exponiéndose a ser criticada y perseguida. Sabía que si podía tocar a Jesús recibiría su milagro de sanidad. Ella estaba dispuesta a soportar todo porque sabía lo que quería, y puso su confianza en Jesús. Así que se metió entre la multitud, perseveró, y esa perseverancia dio sus frutos.

No se rinda, sigua perseverando, sea decidido y constante, fortalézcase en Su Presencia, y esté dispuesto a soportar dificultades y pruebas porque hay poder en Su Presencia.

"Porque os es necesaria la paciencia, para que habiendo hecho la voluntad de Dios, abstengáis la promesa." Hebreos 10:36

¡EN SU PRESENCIA LO TENEMOS TODO!

CAPÍTULO 16

EN SU PRESENCIA SE DESARROLLA EL CARACTER

"Así que, amados, puesto que tenemos tales promesas, limpiémonos de toda contaminación de carne y de espíritu, perfeccionando la santidad en el temor de Dios."

II Corintios 7:1

La santidad es el carácter de Dios. A través de nuestras pruebas y aflicciones Dios forma nuestro carácter para que seamos vasos completos y utilizables para Su Reino. En Su Presencia, cuando nos sentamos a sus pies, no sólo aprendemos más acerca de quién es Dios sino que comenzamos a ser transformados en Su semejanza. A través de mis 50 años de ministerio he visto de primera mano cómo el legalismo causa daño en el crecimiento del carácter cristiano e incluso en el movimiento del Espíritu Santo en la iglesia.

Sin entrar en un estudio profundo sobre el tema, creo que puedo decir con claridad que la cultura no es doctrina bíblica. Como hemos viajado a más de quince países, ciertamente, hemos visto muchas diferentes culturas. Dentro de cada cultura hay ciertos estilos y tradiciones típicas de cada una de ellas, pero ninguna de ellas es una doctrina bíblica. Sin embargo, he visto a algunas iglesias imponer reglas e incluso requisitos para la membresía basados en el cumplimiento de un cierto tipo de vestido y peinado. Creo en la santidad, pero según la versión de Dios, no en la del hombre. Un pastor puede muy bien tener un código de vestimenta para aquellos que participan en el ministerio, y eso es comprensible. Yo también tengo una ética de vestimenta para los que trabajan conmigo, pero no es una doctrina bíblica. La diferencia entre cultura y doctrina bíblica es la siguiente. Hágase la pregunta, ¿Cambia a través de las diferentes culturas o es estándar en todo el mundo? La doctrina bíblica no cambia; es la predicación de la salvación, el bautismo del Espíritu Santo, la venida del Señor, y tales enseñanzas fundamentales de la fe cristiana. La doctrina no cambia, la cultura, sí. Cualquier organización puede crear una lista de requisitos para ser miembro, pero sólo Dios puede hacernos santo. La santidad nace de nuestra relación con Dios.

La Biblia enseña que Dios es un Dios santo. La idea detrás del concepto de santidad es *"separación."* Viene de una palabra que significa *"separar o cortar."* Dios está separado, o cortado, todo lo que es pecaminoso y malo. Él no puede tolerar el pecado. Juan escribió esta verdad en un lenguaje figurativo. ***"Este es el mensaje que hemos oído de él, y os anunciamos: Dios es luz, y no hay ninguna tiniebla en él."*** I Juan 1:5

Cuando pasamos tiempo en Su Presencia llegamos a ser muy sensibles a lo que ofende al Espíritu Santo y sentimos el deseo de complacerlo. Dios honra ese deseo y nos enseña y nos convence de que las cosas, que muchas veces parecen insignificantes, proceden del corazón de Dios. Incluso a veces la más pequeña ofensa nos hará alinearnos con lo que a Él le complace, y dejar de hacer lo que ofende Su Espíritu. Cuando Dios me dio un encuentro fresco con su Espíritu en el Avivamiento de Brownsville y me enseñó acerca de la intimidad, me volví muy sensible a lo que a Él le gustaba o le disgustaba. En mis momentos íntimos con el Señor Él me vivificó de nuevo, y otra vez me enamoré de Jesús y deseé complacerlo más que nunca. Dios quiere enviarle a usted y a su iglesia una efusión de su espíritu. Pero yo creo que hay que arrepentirse de todo lo que es mundano y carnal en nuestras Iglesias.

Cuando consideramos la santidad y el carácter cristiano es necesario escudriñar motivos, pensamientos, ambiciones y deseos. Dios lo quiere todo. Cuando contemplamos el carácter de Jesucristo y buscamos la Presencia, Dios no sólo cambiará lo que somos y lo que hacemos, sino que nos llevará a nuevos niveles de Gloria.

"Sino, como aquel que os llamó es santo, sed también vosotros santos en toda vuestra manera de vivir; porque escrito está: Sed santos, porque yo soy santo."

I Pedro 1:15-16

¡EN SU PRESENCIA LO TENEMOS TODO!

CAPÍTULO 17

EN SU PRESENCIA APRENDEMOS A SER RESPONSABLES

"Y todo lo que hagáis, hacedlo de corazón, como para el Señor y no para los hombres."

Colosenses 3:23

La Biblia está llena de maravillosas y poderosas promesas. A medida que nos llenamos de la presencia de Dios, vamos encontrando equilibrio entre las promesas y el deber. Debemos discernir entre la confianza inútil y la cooperación activa. Al estar en Su Presencia, nuestro sentido de responsabilidad aumenta. La Biblia continuamente enfatiza que cuanto más grande sea el privilegio, mayor es la responsabilidad. Jesús termina la enseñanza de la parábola diciendo lo siguiente: ***"Mas el que sin conocerla hizo cosas dignas de azotes, será azotado poco; porque a todo aquel a quien se haya dado mucho, mucho se le demandará; y al que mucho se le haya confiado, mas se le pedirá."*** Lucas 12:48 Pedro dijo: ***"Porque es tiempo que el juicio comience por la casa de Dios; y si primero comienza por nosotros, ¿cuál será el fin de aquellos que no obedecen al evangelio de Dios?"*** I Pedro 4:17

Jesús contó varias parábolas en las cuales la responsabilidad era el tema central. Un ejemplo es la parábola de los talentos en Lucas 19: 11-27. Antes de salir de viaje, un hombre confió dinero a sus siervos. A su regreso, cada uno de ellos debía dar cuenta de lo que había hecho con el dinero que se le había confiado. ¡A los que doblaron la cantidad, el amo le dijo, "! ¡Bien hecho!" Pero al que enterró el dinero lo juzgó severamente por su falta de responsabilidad. Entre todos los autores de la Biblia, Pablo es el que más extensivamente enfatiza el tema de la responsabilidad. En el libro de Romanos, afirma que Dios es justo y que Su juicio se basa en la verdad. *"De manera que cada uno de nosotros dará Dios cuenta de sí."*

La siguiente lista no está completa, pero he aquí doce puntos para practicar la responsabilidad como ética laboral, por Josh Etter:

1. Crea que cualquier trabajo legítimo según Dios, puede ser santo, o no serlo, de acuerdo a nuestra fe, y no a la clase del trabajo en sí. *"Pero el que duda sobre lo que come, es condenado, porque no lo hace con fe; y todo lo que no proviene de fe, es pecado."* Romanos 14:23

2. Sea justo y honesto en todo lo concerniente al dinero. *"El peso falso es abominación a Jehová; mas la pesa cabal le agrada."* Proverbios 11:1 3. Dependa de Dios en oración y no se apoye en su propia prudencia. *"Orad sin cesar."* I Tesalonicenses 4:17. *"Si*

Jehová no edificare la casa, en vano trabajan los que edifican; Si Jehová no guardare la ciudad, en vano vela la guarda." Proverbios 127:1

4. Utilice lo que gana para diezmar y bendecir a los demás. *"Porque si alguno no provee para los suyos, y mayormente para los de su casa, ha negado la fe, y es peor que un incrédulo."* I Timoteo 5:8 **"El que hurtaba, no hurte más, sino trabaje, haciendo con sus manos lo que es bueno, para que tenga que compartir con el que padece necesidad."** Efesios 4:28

5. Crezca de acuerdo a sus propias habilidades; trabaje duramente y aspire a la excelencia. *"¿Has visto hombre solícito en su trabajo? Delante de los reyes estará; no estará delante de los de baja condición."* Proverbios 22:29 *"En toda labor hay fruto: mas las vanas palabras de los labios empobrecen."* Proverbios 14:23 *"Así alumbre vuestra luz delante de los hombres, para que vean vuestras buenas obras, y*

glorifiques a vuestro Padre que está en los cielos."
Mateo 5:16

6. Sea un ejemplo de cómo amar al prójimo, en la manera de actuar con sus colegas. *"Todas vuestras cosas sean hechas con amor."* I Corintios 16:14

7. Planifique, y sinceramente considere las responsabilidades para el futuro diciendo siempre, *"si Dios quiere."* *"Prepara tus labores fuera, y disponlas en tus campos, y después edificaras tu casa."* Proverbios 24:27 *"! Vamos ahora! los que decís: Hoy y mañana iremos a tal ciudad, y estaremos allá un año, y traficaremos, y ganaremos; cuando no sabéis lo que será mañana. ¿Porque que es vuestra vida? Ciertamente es neblina que se aparece por un poco de tiempo, y luego se desvanece. En lugar de lo cual deberíais decir: Si el Señor quiere, viviremos y haremos esto o aquello."* Santiago 4:13-15

8. Hable del evangelio con sus colegas. *"Así que somos embajadores en nombre de Cristo, como si Dios*

rogase por medio de nosotros; os rogamos en nombre de Cristo: Reconciliaos con Dios." II Corintios 5:20

9. Trabaje como para el Señor y no para los hombres. *"Y todo lo que hagáis, hacedlo de corazón, como para el Señor, y no para los hombres; sabiendo que del Señor recibiréis la recompensa de la herencia, porque a Cristo el Señor servís."* Colosenses 3:23 y 24 *"Criados, estad sujetos con todo respeto a vuestros amos; no solamente a los buenos y afables, sino también a los difíciles de soportar*a Pedro 2:18

10. Enfóquese en el trabajo que le ha sido asignado. *"El que labra su tierra se saciara de pan; mas el que sigue a los ociosos se llenara de pobreza."* Proverbios 28:19

11. Hable palabras de gracia. *"Ninguna palabra corrompida salga de vuestra boca, sino la que sea para la necesaria edificación, a fin de dar gracia a los oyentes."* Efesios 5:18

12. Repósese en que usted ha sido justificado por fe en Cristo solamente. *"Sabiendo que el hombre no es justificado por las obras de la ley, sino por la fe de Jesucristo, nosotros también hemos creído en Jesucristo y no por las obras de la ley, por cuanto por las obras de la ley nadie será justificado."* Gálatas 2:16

Dios nunca pretendió que Su ayuda en nuestras situaciones de la vida nos hiciera ociosos. *"Fíate de Jehová de todo tu corazón, y no te apoyes en tu propia prudencia. Reconócelo en todos tus caminos, y él enderezará tus veredas."* Proverbios 3:5-6

Existe el peligro de que hagamos mal uso de las promesas de Dios. La promesa de Proverbios 3, Dios no nos la da para que dejemos de ser responsables, y lo que Él nos garantiza no es para que nos volvamos ociosos. No se olvide que hay trabajo que hacer, y las promesas de Dios deben ser entendidas a la luz de la responsabilidad personal.

Cuando ore para que Dios supla la necesidad financiera de una persona, esté usted dispuesto a que Dios lo use para suplir esa necesidad, no se conforme con darle un versículo. En Su Presencia, usted descubrirá cómo ser más responsable en el trabajo, en el ministerio y en el manejo de las finanzas. Recuerde Dios requiere excelencia, y con cualquier cosa que hagamos mostraremos quién es Dios. No debemos confiar en Dios por lo que Él espera que hagamos.

¡EN SU PRESENCIA LO TENEMOS TODO!

CAPÍTULO 18

EN SU PRESENCIA DIOS NOS UNGE

"El Espíritu del Señor está sobre mí, por cuanto me ha ungido para dar buenas nuevas a los pobres; me ha enviado a sanar a los quebrantados de corazón; a pregonar libertad a los cautivos, y vista a los ciegos; a poner en libertad a los oprimidos; a predicar el año agradable del Señor."

Lucas 4:18-19

Es la unción de Dios la que hace la diferencia en nuestras vidas. Así que ahora mi enfoque es buscarlo a Él, la Persona y la Presencia del Espíritu Santo. El resultado que he tenido buscando diligentemente Su Presencia y enfocándome en tener un ministerio basado ella, después del derramamiento del Espíritu Santo en el Avivamiento de Brownsville, ha sido increíble en mi vida. Después de Dios renovar y hacerme entender lo que era tener intimidad con el Espíritu Santo, mis ojos se abrieron sobre cada área de mi vida, incluyendo mi punto de vista teológico sobre el Espíritu Santo. Yo tenía mucho conocimiento en mi cabeza después de terminar un doctorado en teología, además de tener otros títulos, y pensaba que yo estaba adecuadamente preparada para ejercer mi ministerio. Pero las horas que pasé en Su Presencia, conociéndolo más, siendo llena del Espíritu Santo, fueron más efectivas que todos los volúmenes de libros de texto. En lugar de buscar metodología para tener un ministerio con éxito, encontré un manantial fluyendo de mi interior al ministrar, y eso fue la consecuencia de un nuevo encuentro con el Espíritu Santo. Siempre estaré agradecida al Avivamiento de Brownsville por la trasformación que trajo a mi vida y a mi ministerio.

Es la unción de Dios la que hace la diferencia en la vida de una persona y en su ministerio. Cada uno de nosotros necesitamos desesperadamente Su unción para cada clase de trabajo que hacemos y para cada tipo de ministerio. Usar palabras elocuentes y ser un conferenciante cabal con un vocabulario extenso, no es suficiente. Todo lo que no sea un trabajo ungido por Dios, es un trabajo de la carne, y no obtendrá resultados que convenzan y trasformen vidas. Las obras de la carne nunca serán aprobadas por Dios, ni tendrán un resultado eterno. Debemos tener como meta perseguir Su Presencia y permitirle que fluya a través de nosotros y nos permita no solamente ministrar sino andar bajo esa unción.

Después de Dios derramar una nueva unción sobre mi ministerio, descubrí que Su unción seguía presente hasta cuando visitaba la casa de alguien. Una vez me invitaron a cenar a una casa, y yo compartí con la familia mi amor por Su Presencia. Unas semanas después, el hijo de esa pareja vino a verme para preguntarme que cuando yo iba a regresar a su casa, porque la Presencia de Dios siguió sintiéndose en su hogar varios días después de mi partida. Humildemente al instante le di toda la Gloria a Dios. También realicé que la unción de la Presencia del Espíritu Santo iba conmigo a todos sitios, y que el Señor deseaba usar mi vida. ¡Oh, que privilegio!

"I cuando el diablo hubo acabado toda tentación, se apartó de el por un tiempo. Y Jesús volvió en el poder del Espíritu a Galilea, y se difundió su fama por toda la tierra de alrededor. Y ensenaba en las sinagogas de ellos, y era glorificado en todo." Lucas 4:13-15 Después de las pruebas, después de todas las tentaciones y demás, Jesús regreso lleno de Dios, revestido del Espíritu Santo, y listo para la lucha.

Dios me estaba enseñando a morar en el Espíritu. La unción seguía presente a donde quiera que fuera y cuando tenía que hablar. Hay algo que logra cumplir los propósitos de Dios, y eso es morar en el Espíritu. Parte de morar en el Espíritu es permitirle a Dios formar nuestro carácter a través de las pruebas. Una unción aún mayor cayó sobre mi ministerio cuando sobreviví y vencí al espíritu de Jezabel que se levantó sobre mi cuando estaba construyendo la escuela en Chamelco, Guatemala. Fue tanto el acoso, la agravación y el tormento que pensé dejarlo todo. Me puse a orar y Dios me dijo: *"Tu no vas a huir del espíritu de Jezabel, simplemente haz lo que te he mandado hacer, permanece en mí y yo cuidare de ti."* En unos cuantos años, Dios derribó el espíritu de Jezabel y con él a todos los que lo habían apoyado. Dios afirmó mi ministerio, me perfeccionó y me fortaleció, me enseñó muchas cosas y me dio una unción mayor. Aprendí que no puedo depender de mis sentimientos, y que no debo comprometer la unción que hay sobre mi vida.

Dios tiene un proceso para entrenarnos, y aunque la carne se resista y le desagrade salir de la zona confortable, esa es la manera que Dios tiene para quebrarnos. Uno no puede vivir en la profundidad del Espíritu sin antes haber sido quebrado. En cincuenta años de ministerio he aprendido más sobre el ser quebrada que en todos los libros de texto. Le doy gracias a Dios por tener una sólida base teológica, porque eso me ha guardado de todas esas novedades extra bíblicas que andan por ahí. Pero le doy gracias a Dios por quebrarme una y otra vez. En la profundidad de ese quebrantamiento, le he podido dar más espacio a Dios para llenarme con Su Presencia. Dios no puede llenar a alguien que ya está lleno de sí mismo.

Cuando comencé como ministro joven, yo quería estar con mis colegas y aprender sobre los métodos que ellos usaban para tener éxito. Después que Dios me renovó con Su Santo Espíritu, lo único que yo quería era estar con el Señor, mantenerme en Su Presencia y aprender más de Él. Me sumergí más profundamente, hambrienta de Su Presencia. *"Yo he venido para que tengan vida, y vida en abundancia,"* Juan 10:10b No le pida a Dios una mayor unción, pídale más de Su Presencia, más de Él, y un corazón quebrado a causa de las cosas que le quiebran el corazón a Dios. La unción fluirá proporcionalmente a como nos saturaremos de Su Presencia, y por nuestro deseo de ser quebrados.

No trate de copiar el estilo ministerial de otra persona porque usted ve la unción que tiene. ¡Eso no va a funcionar! Yo descubrí, durante el proceso para desarrollar una filosofía ministerial, que puedo ser mejor que otro siendo única, pero llena de Su Presencia, y no fallar. Hay demasiadas personas copiando por ahí. Usted permítale a Dios usar esa personalidad única que se ha formado en Su Presencia, aunque eso signifique ser diferente. Ser eficaz y ver como las vidas son impactadas por el fuego de la Presencia de Dios, es mucho más importante. También, esté preparado para pagar el precio cuando usted predique sobre avivamiento en una iglesia que esté dormida. Ese no es un mensaje muy popular, pero es el mensaje que la iglesia necesita en esta hora. Después que el Señor me renovó con Su Santo Espíritu, mi mensaje cambió, y comencé a proclamar todo lo que el Señor me había enseñado sobre la intimidad con Él. Ahora yo estaba convencida que lo que la iglesia necesitaba en este tiempo era la manifestación de la Presencia de Dios.

"Había siete hijos de un tal Esceva, judío, jefe de los sacerdotes, que hacían esto. Pero respondiendo el espíritu malo, dijo: A Jesús conozco y se quién es Pablo; pero vosotros, ¿quiénes sois? Y el hombre en quien estaba el espíritu malo, saltando sobre ellos y dominándolos, pudo más que ellos, de tal manera que huyeron de aquella casa desnudos y heridos." Hechos 19:14-16

Evite imitar o copiar a alguien que tenga un ministerio ungido. Dios obra con el original, no con copias o imitaciones. Los siete hijos de Esceva pensaron que la unción era un método. Pensaron que si tenían el nombre y la postura correcta, el demonio huiría. Desafortunadamente para ellos, el demonio conocía la diferencia entre una formula religiosa y la autoridad genuina. Ellos habían oído hablar de los maravillosos milagros que acompañaban el ministerio de Pablo, así que ellos querían participar en la novedad. Quizá ellos pensaron que el ser hijos de un prominente sacerdote les daría poder en el ámbito espiritual. ¡Se equivocaron! Ellos sabían cuales palabras debían usar, e inclusive invocaron el nombre de Jesús, pero sin el poder. No pudieron vencer al espíritu malo, así que fueron salvajemente atacados.

Algunos ministros han sido asignados a ciertas posiciones por sus organizaciones sin haber considerado si tenían unción en sus vidas y en su ministerio. En muchos casos se trata de movidas políticas para complacer al hombre y no a Dios. La autoridad espiritual y la unción fluyen de la vida y del ministerio de una persona, únicamente cuando Dios es el que la ha colocado en dicha posición. Desafortunadamente, hay pastores y ministros que tratan de hacer el bien sin los medios. Un fuego pintado en un cuadro no produce calor. Un hombre hambriento no necesita una fotografía de un buen plato de comida, necesita algo real. Gente quebrada, trasformada en vasos por la mano del Espíritu Santo, son los mejores candidatos para recibir una unión sobrenatural. Uno puede falsificar la unión por un momento, pero será descubierto. Una formula muy bien ensayada tiene una duración limitada. Así que seamos valientes, sometámonos al quebrantamiento, y no comprometamos nuestra relación con Dios empuñando Su autoridad como los hijos de Esceva. Uno consigue la autoridad únicamente en la intimidad con Dios. El nivel de autoridad depende del nivel de intimidad. No caiga usted en la trampa de tener una mentalidad de *"por obras"* cuando en realidad puede conseguir una unión mayor en Su Presencia, en la intimidad con Dios.

Después que el Señor me transformó completamente y me dio una unción fresca del Espíritu Santo, dejé de orar para recibir la unción y me dediqué a buscar Su Presencia, y así fue que tuve una mayor unción. Al Dios darme una mayor unción, el resultado fue que hubo milagros y vidas transformadas. Dios mandó un avivamiento en Guatemala donde estoy trabajando. Repito, yo encontré todo lo que necesitaba para tener un ministerio fructífero y productivo en Su Presencia.

¡EN SU PRESENCIA LO TENEMOS TODO!

CAPÍTULO 19

EN SU PRESENCIA APRENDEMOS A AGRADAR EL SEÑOR SOBRE TODAS LAS COSAS

"Porque el que me envió, conmigo está; no me ha dejado solo el Padre, porque yo hago siempre lo que le agrada."

Juan 8:29

En Su Presencia, aprendemos a amar al Señor y a complacerlo. Jesús dijo: ***"Amarás al Señor tu Dios con todo tu corazón, y con toda tu alma, y con toda tu mente."*** Mateo 22:37 Experimentamos nuestra mayor victoria cuando agradamos al Señor. Dios no está impresionado con las cosas que el mundo admira, pero mira la fuerza del amor que tenemos por Él. ***"No se deleita en la fuerza del caballo, ni se complace en la agilidad del hombre. Se complace Jehová en los que le temen, y en los que esperan en su misericordia."*** Salmo 147:10 y 11

El buscar a agradar a la gente a toda costa, se convierte en pecado. Aparentemente, no hay nada malo cuando se quiere ganar el favor de otras personas. De hecho, esto es deseable para que podamos tener buenas relaciones con ellas. Cuando se trata de la ley divina del amor, se nos manda amar a los demás y poner su bienestar por encima de nosotros mismos. Esto debe ser una preocupación continua. Parte de amar a los demás es complacerlos. Sin embargo, no está bien pensar que cuando tenemos a todo el mundo contento, tenemos éxito. Cuando usted complace a los demás, incluso en contra de su propia voluntad y de la voluntad de Dios, hay una posibilidad de que usted termine odiando a esas personas que usted quiere complacer en lugar de amarlas. Nuestra prioridad principal debe ser agradar a Dios en lugar del hombre. Agradar a Dios es obligatorio; complacer a otras personas es opcional. Si agradar a la gente nos lleva a dejar de honrar a Dios, nos convertimos en complacientes. *"Es necesario obedecer a Dios ante que a los hombres."* Hechos 5:29

Señales de una vida que agrada a Dios, por Richard Baxter

Veamos, pues, si es cierto que vivimos con la aprobación de Dios, cosa que debe ser nuestra prioridad. Los que tratan de agradar a Dios

1. Son muy cuidadosos escudriñando las Escrituras para discernir lo que agrada y desagrada a Dios.

2. Son más cuidadosos en el cumplimiento de sus obligaciones tratando de agradar a Dios en lugar de a los hombres.

3. Miran sus corazones, y no sólo sus acciones; las motivaciones, los pensamientos y la intensidad de lo que sienten adentro.

4. Miran a los motivos secretos, así como a los públicos, y a lo que los hombres no ven, así como a lo que ellos ven.

5. Prestan, con reverencia, atención a la conciencia, y todo lo relacionado con ella. Cuando la conciencia les dice que algo le ha desagradado a Dios, sienten inquietud. De la misma manera, cuando tienen la aprobación de Dios, sienten tranquilidad.

6. En cuanto a agradar a los hombres, será únicamente con motivo s caritativos y para hacer el bien y agradar a Dios. No lo hacen por orgullo o ambición para recibir honra de los hombres, o con motivos impíos que desagradan a Dios.

7. No le dan importancia a si la gente está complacida o disgustada, si los hombres los juzgan o cómo hablan mal de ellos. Consideran todo esto como algo menor en comparación con el juicio de Dios. Uno no vive con esa gente.

Uno puede soportar descontento, censura, y reproche, si Dios está complacido. Esto es para ellos una evidencia de que están agradando a Dios.

Jesús nos ordena a hacer que otros vean la gloria de Dios a través de nuestras acciones. Esto no significa que debemos buscar reconocimiento para nosotros mismos, o reclamar nuestros quince minutos de fama, sino que debemos aprovechar las relaciones y las oportunidades que Dios nos da - especialmente en lo aparentemente mundano – de tal manera de dar gloria a Dios. Debemos tratar de cultivar nuevas relaciones y oportunidades para que otros puedan *"ver nuestras buenas obras y dar gloria al Padre que está en el cielo."* Mateo 5:16 *"Pues, ¿busco ahora el favor de los hombres, o el de Dios? ¿O trato de agradar a los hombres? Pues si todavía agradara a los hombres, no sería siervo de Cristo."* Gálatas 1:10

Cuando Dios comenzó a usarme, con una fuerte unción, después de mi reciente encuentro con el Espíritu Santo, Él me habló y me mandó a darle toda la gloria a Él después de cada servicio donde el Señor me había usado poderosamente. Estuve rodeada de ministros influyentes, y el Señor me mostró que no debía sentirme avergonzada o incluso tímida por ser influyente, pero que siempre me enfocara en glorificar a Cristo y darle la gloria cuando compartía con ellos acerca de lo que Dios había hecho en mi vida. En Su Presencia, aprendí a disfrutar de su bendición, pero siempre mostrando el valor de Dios en Cristo, y no el mío. Dios me dijo que me estaba bendiciendo, pero que estaba observando cómo yo reaccionaba con esa bendición.

¡EN SU PRESENCIA LO TENEMOS TODO!

CAPÍTULO 20

EN SU PRESENCIA HAY LIBERACIÓN

"El ladrón no viene sino para hurtar y matar y destruir; yo he venido para que tengan vida, y para que la tengan en abundancia."

Juan 10:10

Un día mientras caminaba a casa desde la escuela, la batalla dentro de mí me llevó completamente a un túnel de oscuridad y desesperación.

En ese día las voces comenzaron a decirme que me hiciera daño físicamente. Al principio pensé que era una locura. Traté de sacar esos pensamientos de mi mente Me convencí de que era una idea absurda y ridícula, pero la voz siguió hablando y se convirtió en algo que no podía simplemente ignorar y olvidar, así que accedí. Cuando llegué a casa ese día me sentí obligada por esta voz a ir a la caja de costura de mi madre, tomé una aguja de coser y me la tragué. Ese fue el comienzo de siete largos años de esclavitud debido a la voz satánica. Como dice la Biblia *"a quien te entregues, ese se convierta en tu amo."* Ese fue también el día en que entré en un túnel interminable de oscuridad y desesperación.

Después de tragar la aguja de coser me enfrenté con las consecuencias de tener que decírselo a mi madre y buscar ayuda médica. Las preguntas comenzaron a dar vueltas en mi mente. ¿Qué iba a dar como una excusa? Seguramente nadie iba a creerme cuando les dijera que una voz me ordenó que lo hiciera. Después de todo yo era una joven muy inteligente que siempre obtenía honores en la escuela. No podía entender mi comportamiento por mí misma, así que, ¿cómo iba a esperar que alguien más lo entendiera? Empecé a llenarme de miedo y ansiedad.

Le dije a mi madre que me había tragado una aguja de coser, así que me llevaron a la sala de emergencias donde me sacaron placas de rayos X, pero no pudieron encontrar la aguja. Me operaron y me pusieron en cuidados intensivos. Cuando me recuperé de la cirugía volví a escuchar esa voz. Tomé una aguja grande y me la tragué. El médico estaba muy molesto conmigo, advirtió a mis padres que iba a dejar el caso y que tendrían que buscar otro médico. Mis padres tuvieron que firmar para que otro médico me llevara de vuelta a la cirugía y tratara de encontrar la aguja. No pudieron encontrarla, así que la dejaron dentro de mi cuerpo. Me llevaron a la sala de psiquiatría del hospital donde comenzaron el tratamiento psicológico de mi mente para entender por qué estaba haciendo estas cosas. Les expliqué a los doctores que me sentía como si alguien más estuviera dentro de mí controlando mis acciones. Yo no quería hacer los actos de auto-destrucción, pero no podía resistir este poder que me obligaba a hacerlos. Esta voz trajo primero ansiedad a mi corazón, luego una sensación de impotencia que me mantuvo atada durante siete largos años, de los doce a los diecinueve. La luz se hizo más y más tenue en este túnel de derrota y de desesperación.

El primer tratamiento en la lista del psiquiatra fue una terapia de choques eléctricos. Me mantenían en la sala de enfermos mentales, y tres veces a la semana me llevaban a una habitación caminando descalza por los pasillos. Me sentía como si me llevaran a la silla eléctrica. Fue una experiencia muy espantosa ya que disparaban electricidad a mi cerebro, produciendo convulsiones. Aunque me tenían sedada y aturdida, yo podía ver las chispas eléctricas en la habitación. Fueron un total de dieciocho tratamientos que no resolvieron el problema sino que me llenaron de miedo y ansiedad. Durante muchos años, después de estos tratamientos, tuve mucho miedo de los rayos. Se suponía que los choques eléctricos iban a bloquear los malos recuerdos que, según los médicos, eran los causantes de mi comportamiento. La verdad es que no se puede eliminar al diablo con descargas eléctricas. Gracias a Dios hay Alguien que **"para ese propósito se manifestó para destruir las obras del diablo."** I Juan 3:8 Los únicos recuerdos que pudieron bloquear fueron algunos buenos. Empecé a tener pesadillas terribles que me atormentaban mucho por la noche, visiones de hombres en capas negras al pie de mi cama advirtiéndome que no viviría por mucho tiempo.

Me llevaban regularmente al psiquiatra para la terapia sólo para que me hicieran las mismas preguntas repetidamente. "¿Por qué te haces estos daños a ti misma?" Yo le contestaba una y otra vez que yo no quería hacerlo, sino que me controlaba alguien dentro de mí, pero nadie me creía. Trataron de convencerme que si continuaba con este comportamiento probablemente me suicidaría. Así que la terapia de psiquiatría fue para mí como un largo viaje por un callejón sin salida. Recuerdo que en una de las terapias, el psiquiatra sugirió que me convierta en alcohólica en lugar de hacerme daño a mí misma. Mi respuesta fue: "Si tuviera la capacidad de cambiar mi vida escogería otra cosa y no el alcohol." Obviamente, ellos estaban tratando de encontrar una solución natural para un problema espiritual. Eso es lo mejor que el hombre puede hacer, ofrecer una esclavitud menor, pero Dios trae la libertad a través de Jesucristo. *"Por tanto, si el Hijo os libertare, seréis verdaderamente libres."* Juan 8:36

Parecía que apenas me recuperaba de un incidente, volvía a intentarlo otra vez. Un día me eché trementina en el ojo derecho. Mi ojo estaba tan herido que tuvieron que llevarme a un hospital especializado para los ojos, ubicado en Pennsylvania. Tuve la suerte de no perder la vista en ese ojo. Después de verter la trementina en el ojo, yo mantuve lo irritado y lesionado frotándolo con objetos, así que estaba enrojecido todo el tiempo. Estaban haciendo una construcción detrás de mi casa, así que una noche me tiré desde una plataforma y me lastimé la pierna. Otra vez me tiré por las escaleras. Un día, siguiendo lo que me decía la voz, tomé un cuchillo eléctrico y traté de cortarme la mano. Tuvieron que darme puntos, y tuve la suerte de no dañar permanentemente mi mano, ya que los ligamentos y los músculos estaban lesionados. En otra ocasión, bebí una botella de alcohol y me quemó el estómago. Poco después me tragué treinta aspirinas. Gracias a Dios que me recuperé. Dios fue misericordioso conmigo. Sin embargo, yo seguía verdaderamente esclavizada por la voz que oía y por el poder dentro de mí que quería destruirme.

Me tragué objetos metálicos, tapas, latas de refrescos, tuercas, tornillos, clavos, alfileres, imperdibles. El médico les dijo a mis padres un día que lo único que faltaba tragarme era el fregadero de la cocina. Un día, al escuchar la voz, tomé dieciocho hojas de afeitar, las partí por la mitad y me las tragué. Cuando el médico me examinó, dijo que los pedazos estaban dispersos a través de todo mi sistema digestivo y que no consideraba operarme porque podía ser fatal. Fue un milagro que todas las hojas de afeitar pasaron por mi sistema de forma natural. Los doctores dijeron que tuve mucha suerte de que las hojas de afeitar pasaran por mi sistema sin lastimarme. Pero yo sé que fue la mano de Dios. Este fue sólo uno de los muchos milagros que me mantuvieron viva para cumplir con el llamado de Dios en mi vida.

Un domingo por la tarde mi padre me dijo que subiera al auto, que íbamos a salir. Pensé que tal vez íbamos a dar un paseo por el campo. Cuando llegamos a un edificio muy viejo, grande, rodeado de otros edificios y protegido por altas puertas y cercas intimidatorias, supe que no estábamos dando un paseo por el campo. Me llevaron al consultorio de un médico y me dijeron que me iban a examinar. Me ordenaron que me quitara toda la ropa, y luego me sometieron a un vergonzoso y degradante examen muy poco profesional. Parecía como si yo hubiese cometido un crimen y mereciera ser castigada. Palabras de muerte y destrucción, dirigidas a mí en este hospital y por otros psiquiatras también, plantaron muchas semillas de destrucción en mi vida. Al final de seis semanas, los doctores tuvieron una reunión conmigo y con mis padres, y llegaron a la conclusión de que no había nada que pudieran hacer por mí; no dieron esperanza. Les sugirieron a mis padres que me encerraran permanentemente porque de otra manera terminaría suicidándome.

Según lo que dijeron los hombres, no tenía esperanza, pero Dios tenía planes para prosperarme y no dañarme y darme esperanza y un futuro, tal como dice Jeremías 29: 11. Ellos se dieron por vencidos; pero Dios nunca se da por vencido con nosotros.

Durante los siguientes años comencé a hacerme daño en mi pierna derecha, lo que finalmente resultó en la destrucción del funcionamiento de la articulación de la rodilla derecha. Cuando oía la voz, tomaba una aguja de coser y la clavaba en la articulación de la rodilla. Luego caminaba con mi rodilla lastimándome, y cada día empeoraba más. Finalmente, se lo dije a alguien porque sabía que necesitaba ayuda médica. Solía contarle lo que hacía a mi madre o a una amiga. Cuando me examinaron en la unidad de cuidados intensivos, me dijeron que necesitaba que me examinara un especialista ortopeda para que me operara y me quitara la aguja. Este fue el comienzo de una larga temporada haciéndome daño en la rodilla de la pierna derecha hasta que afectó toda la pierna.

Cuando el ortopeda revisó las placas, nos informó que la aguja estaba colocada en el lugar donde causaría el mayor daño. Después de varios años haciéndome yo misma daño, el médico dijo que las agujas no podrían haber sido colocadas con mayor precisión, casi como si un experto cirujano las hubiera colocado en el preciso lugar donde causarían mayor daño. Seguramente el enemigo conocía el lugar preciso de máxima destrucción para mi pierna. Aunque el diablo causó estos actos con una precisión diabólica, el plan y los propósitos de Dios son aún más precisos ya que Dios no permitió que el diablo me destruyera. Dios ciertamente tenía un plan para mi vida. Ya me había marcado para sus divinos propósitos. Dios fue verdaderamente misericordioso conmigo. Muchas personas se refieren a mi testimonio como *"el testimonio de las agujas"*, pero yo me apresuro a decirles que es verdaderamente *"el testimonio de la misericordia de Dios."*

Para ese entonces, yo ya había caído en una rutina. Me clavaba una aguja en la rodilla, el cirujano la extraía, y luego me enyesaba la pierna. Así fue que me operaron unas doce o quince veces, con un total de diecisiete procedimientos quirúrgicos en la rodilla y en la pierna, unas veinticuatro intervenciones médicas entre lo que me tragaba y las lesiones en la pierna. Tuve infecciones graves, fiebres muy altas, y varias veces estuve a punto de perder la vida. Desarrollé una enfermedad de los huesos llamada osteomielitis, y a causa de ella, fue necesario operarme varias veces para hacer el drenaje de la articulación de la rodilla debido a la gravedad de las infecciones. Así que cada vez era más difícil soportar el dolor.

Una vez, después de ser operada y con la pierna enyesada como de costumbre, volví a oír la voz diciéndome que abriera un hueco en el yeso y metiera material sucio del colchón en la herida. Mi pierna se hinchó y se infectó aún más. El médico se enojó muchísimo conmigo. En otras ocasiones, abría la incisión y metía tierra o cualquier material sucio en ella empeorando la infección. Muchas veces tuvieron que operarme para limpiar la herida de toda la basura, y drenar el líquido producido por las infecciones. A causa de todo esto, pasé mucho tiempo en el hospital tomando antibióticos intravenosos. Los médicos les decían a mis padres que yo perdería la pierna si seguía así, pero Dios fue misericordioso conmigo.

Más de una vez, los médicos pensaron que la amputación era inminente, pero Dios preservó mi pierna y fue verdaderamente misericordioso conmigo. Hubo médicos que se negaron atenderme y a operarme, un doctor, en el centro Médico de Monmouth, me prometió que me atendería hasta el día en que yo dejara de hacer lo que hacía. Él tenía esperanza de que todo terminara bien.

Mi cuerpo se desgastaba lentamente. El sistema inmunológico apenas podía mantenerse al día con las mutilaciones constantes y el envenenamiento que estaba impactando mi sistema. Los médicos incluso sentían que mi sistema se estaba volviendo inmune a los antibióticos. Como si mi agonía personal, emocional y física no fuera lo suficientemente severa, los médicos y enfermeras se reían a mis espaldas diciendo, "¿quieren ver a la chica loca que traga agujas?" Yo me sentía tan avergonzada. Me convertí en el hazmerreír del hospital. Me sentí como si estuviera en exhibición en el zoológico o en el circo del diablo. Sin embargo, no pasaría mucho tiempo antes de que supiera que era plenamente aceptada por Dios, y pasaría del reino de las tinieblas al reino de Su querido Hijo Jesús.

Nosotros tenemos un Sumo Sacerdote que sufrió nuestras penas y nuestras debilidades, pero sin pecar. Jesús experimentó el rechazo en el Calvario cuando fue rechazado por los hombres, y supo lo que es sufrir. Los hombres se burlaron de Él en la Cruz. Él puede consolarnos cuando estamos en todas nuestras pruebas. La expiación en el Calvario es suficiente para restaurar cada aspecto de nuestra vida. Yo soy la prueba viviente del poder del Salvador resucitado.

Después de una larga estadía en el hospital, con múltiples infecciones, y de estar durante un mes con antibióticos por vía intravenosa, me enviaron a casa una vez más con un yeso grande en la pierna, con un agujero para que el médico pudiera tratar la herida. Al tener que andar con muletas, me sentí extremadamente deprimida pensando que ya no había ninguna esperanza para mí. El psicólogo seguía intentando convencerme para que dejara de hacerme daño. Yo repetía una y otra vez que no deseaba hacer estas cosas, pero sentía que me controlaba un poder dentro de mí. Me recomendó que ampliara mi vida social y me consiguiera un novio. Mi repuesta fue: "Ahora no, ya tengo bastante con todo este enredo de problemas y enfermedades."

Un día, la voz me mandó bajar al sótano, tomar unos calvos y clavarlos en la incisión que tenía en la pierna, ya gravemente herida. Seguí la orden, y no supe más hasta que desperté del desmayo. Anduve así por varios días porque ya no soportar ni las burlas ni las preguntas. A causa de dolor volví a desmayarme así que mi madre se dio cuenta que me estaba pasando algo y me llevó de nuevo al hospital. El pronóstico que dieron los médicos fue que probablemente perdería mi pierna. Me llevaron a la sala de operaciones para extraer los pedazos de clavos y cortar el pedazo de hueso donde los clavé. Fue una larga operación. Me desperté con mucho miedo, pero, para mi sorpresa, la pierna estaba ahí. De nuevo, Dios había sido bueno y misericordioso conmigo.

A través de los años mi pierna fue deteriorándose. La articulación de la rodilla se debilitó hasta que se volvió inútil y no hubo más remedio que eliminar la articulación de la rodilla. Por esa razón tengo que usar un zapato especial, ya que esa pierna tiene dos pulgadas menos que la otra. Los médicos me quitaron la articulación de la rodilla y fusionaron los dos huesos de pierna. Después de esta cirugía, tuve que aprender a caminar de nuevo. Poco sabía yo que lo que me estaba sucediendo físicamente, más tarde me sucedería espiritualmente porque Dios me iba a enseñar cómo caminar con Él.

Aún llevo cinco agujas en mi cuerpo porque no pudieron sacarlas. La gente dice que las agujas pueden viajar por todo el cuerpo. Mi respuesta es que mis agujas no pueden viajar porque ni tienen pasaporte ni visa. En otras palabras, Dios tiene su mano poderosa sobre mi vida. Las agujas no se han movido del lugar, y no me han causado ningún problema. *"Entonces invoqué el nombre de Jehová, diciendo: Oh Jehová, libra ahora mi alma. Clemente es Jehová, y justo; Sí, misericordioso es nuestro Dios. Jehová guarda a los sencillos; estaba yo postrado, y me salvo."* Salmo 116:4-6

La ventana de la cocina de nuestra casa estaba frente a la de la vecina, así que yo la podía oír cantando, orando y alabando a Dios. Cuando predico, me gusta recordarles a las personas que no se avergüencen de levantar sus voces donde quiera que estén, y que den alabanza y gloria a Dios. ¡Hay poder en la alabanza! Muchas veces, cuando estoy en las tiendas estoy adorando, cantando o hablando en lenguas, y si hubiese algún cristiano cerca, dirá amén y se unirá conmigo. En muchas ocasiones, esto puede abrir la puerta para predicarle a alguien. La alabanza prepara el ambiente para un testimonio poderoso. Nuestra adoración pública es un testimonio de nuestro amor por el Señor.

Daba la impresión que mi vecina siempre estaba orando y alabando a Dios. Yo le decía a mi mamá que escuchase a nuestra vecina loca. ¡Qué audacia la mía al llamar loca a esta querida intercesora! Mi comportamiento sí que se podría caracterizarse como el un apersona loca. Cierto es que la verdad de Dios el mundo la considera como locura. *"Todas las cosas son puras para los puros, mas para los corrompidos e incrédulos nada le es puro; pues hasta su mente y su conciencia están corrompidas."* Tito 1:15 El Señor colocó esa mujer de Dios en mi patio para llevar a cabo la asignación divina de orar e interceder por mi liberación. Dios ya había hablado con ella, y esto da testimonio de las palabras en Jeremías 1: 5. *"Antes que te formases en el vientre te conocí, y antes que nacieses te santifiqué, te di por profeta a las naciones."*

Llegó el día en que mi vecina me llevaría a una reunión en un hogar. Ella me iba a dejar en esa casa ya que era una reunión de juventud. Me sentía un poco incómoda, pero seguí repitiéndome a mí misma que eso no era nada en comparación con la desesperación y la desilusión que sentía a diario. Yo no tenía ni idea de que me estaba llevando a una cita divina que cambiaría mi vida y mi mundo para siempre. Fue la primera de muchas otras que vendrían después, a medida que pasara el tiempo y el Espíritu Santo comenzara a obrar intensamente en mi corazón. Desde en principio entendí que mi calendario tenía que ajustarse al calendario divino. Ahora buscaría y le daría la bienvenida a las citas divinas. Eso no significaba que el horario en mi calendario no fuera agradable a Dios, sólo significaba que Dios interrumpiría mi horario. Cuando Dios interrumpe el horario es porque algo grande va a pasar. A partir de ese momento comencé a esperar las divinas interrupciones y citas de Dios en mi vida. Cuando Dios interrumpe, lo ordinario se vuelve sobrenatural. Fue obvio que esa reunión fue como un rayo de esperanza que me llevaría a un viaje de lo natural a lo sobrenatural.

No tenía idea de lo que podía esperar en esta reunión; sabía que sería de naturaleza *religiosa*, pero no sabía nada más sobre lo que podía pasar. Toda mi experiencia anterior con la *religión* había sido en las iglesias metodistas y episcopales. Sin embargo, desde el momento en que entré en la sala de estar, noté que mi "cita divina" era con una persona y no con un programa o cualquier otra cosa de lo que yo conocía en el mundo religioso. En esta reunión, conocí a mi Rayo de Esperanza. Ella era una maestra de la Biblia que se convirtió en mi mentora y madre espiritual, Nancy Stein. Con sólo verla leyendo el libro sobre Nicky Cruz pude ver en sus ojos y en la expresión de su rostro que su semblante era diferente; estaba lleno de esperanza y gozo. Irradiaba con un brillo, como el de un faro eléctrico. Más tarde supe que era el resplandor de la Presencia de Dios. Dejé de enfocarme en lo que me rodeaba o en el contenido del libro. Me sentí atraída por el semblante de Nancy, cuya fuerza parecía venir del más allá. Cada cosa y cada persona carecían de importancia en comparación con lo que fluía de esta mujer. Ella irradiaba gozo y paz, por esa razón la seguí observando. Me senté allí sin prestar atención a lo que estaba leyendo, con mis ojos fijos, preguntándome cómo era posible tener tanta paz y gozo cuando mi propia vida era tan miserable. Me daba vergüenza hablar con ella en medio del grupo de jóvenes, pero por dentro anhelaba abrir mi corazón con ella. Salí de la reunión esa noche deseando poder sentarme y hablar con Nancy, sin darme cuenta que mi cita divina estaba a solo un día de camino.

El Espíritu Santo hablaba con Nancy mientras Él también estaba preparando mi corazón. Nancy me invitó a su casa para hablar con ella al día siguiente. Yo no necesitaba otra confirmación sobre el toque especial de Dios que había en su vida, sin embargo estaba firmemente convencida de que esta mujer estaba en contacto con una fuente todopoderosa que yo desconocía. Estaba a punto de convertirme en un discípulo y estudiante de esta" extraña " mujer que yo admiraba. Dios me estaba atrayendo a través de Nancy con "Sus fuertes lazos de amor." *"Siendo manifiesto que sois carta de Cristo expedida por nosotros, escrita no con tinta, sino con el Espíritu del Dios vivo; no en tablas de piedra, sino en tablas de carne del corazón."* II Corintios 3:3 *"Envió desde lo alto; me tomó, me sacó de las muchas aguas."* Salmo 18:16 Él realmente toma nuestro quebrantamiento y lo cambia por Su belleza.

Nancy sería el recipiente que Dios usaría, y ella se convirtió, por un período de tiempo, en la persona más importante en mi vida. Iba a llevar el mensaje de esperanza a mi mundo de desesperación hecho pedazos. Ella traería claridad, propósito y destino a mi vida sumida en lo profundo de la trampa preparada por el maligno. Sin decir una palabra, su semblante, sus expresiones y sus gestos trajeron un rayo de esperanza a mi vida. Por primera vez, me atreví a creer que podría haber una ruta para escapar del largo túnel oscuro lleno de desesperación. Empecé a pensar que tal vez mi cita con Nancy podría ser el comienzo de un nuevo día.

Muchos cristianos se quejan de que no tienen técnicas para ganar almas, pero no se desalienten, la luz, el amor y el gozo de Cristo emana a través de nuestros ojos y de nuestro semblante, y a menudo puede ser más eficaz que una conferencia teológica sobre la salvación. Las siguientes Escrituras demuestran que como creyentes llevamos el tesoro más grande de todos, el Espíritu de Cristo en nuestras vasijas terrenales. *"Cristo en nosotros la Esperanza de Gloria."* Déjelo brillar a través de usted. *Porque Dios que mandó que de las tinieblas resplandeciese la luz, es el que resplandeció en nuestros corazones, para iluminación del conocimiento de la gloria de Dios en la faz de Jesucristo."* II Corintios 4:6 *Pero tenemos este tesoro en vasos de barro, para que la excelencia del poder sea de Dios, y no de nosotros."* II Corintios 4:7

Los creyentes necesitan citas Divinas para poder mostrar la gloria de Dios. Estoy segura de que Nancy estaba orando para que se abriera una puerta, y tener la oportunidad de ministrarme. Estoy segura que, siendo ella una creyente fuerte y llena del Espíritu Santo, estaba buscando la oportunidad de mostrar la gloria de Dios. *"Porque todos los que son guiados por el Espíritu de Dios, estos son hijos de Dios."* Romanos 8:14

Vivir en el Espíritu capacita al creyente para ir a lugares claves, y conocer el corazón de las personas a través del discernimiento. Palabras de conocimiento y de sabiduría saldrán de sus labios como resultado de obedecer al mandato de Dios. El amor de Cristo fluirá también cuando dejemos de esforzarnos y nos reposemos en Él, porque Dios obra a través de un vaso que se entrega totalmente en Sus manos.

Dios estaba obrando a través de Su sierva esa noche, y continuó haciéndolo durante todo ese viaje milagroso hacia un nuevo amanecer en mi vida. Terminé ese primer encuentro con un corazón lleno de esperanza, y viendo un destello de la Luz del Mundo al final de mi oscuro túnel de desesperación. ¡TAL VEZ HABÍA ESPERANZA PARA MÍ!

El día de mi cita divina había llegado. Me sentí emocionada toda la noche, y fue en lo primero que pensé al amanecer. Este iba a ser el día en que hablaría con esta mujer que había causado tanta impresión en mi vida. Vino en su coche a recogerme, y nos fuimos a la casa de su amiga, donde nos habíamos encontrado con la juventud la noche anterior. No podía dejar de mirarla, tenía una expresión tan hermosa en su cara, y de nuevo, al igual que la noche anterior, irradiaba luz. Tenía grandes ojos marrones, llenos de amor y compasión. Por primera vez me sentí libre para contarle a una completa desconocida, todo sobre la esclavitud en la que me encontraba, y sobre la voz que me obligaba. Para mi sorpresa, no se burló de mí como otras personas. Esto me agradó y me dio aún más confianza para seguir hablando con ella. Incluso después de la letanía de severos tormentos, ataduras, mutilaciones, cirugías y tratamientos, ella insistió confiada y con autoridad que había esperanza, no sólo para la sobrevivir, sino para tener una vida abundante.

Ella me dijo: "Holly, esa voz que te está hablando es la voz del diablo y él está tratando de destruir tu vida. Sin embargo, hay ALGUIEN MÁS, y su Nombre es JESUCRISTO, Él es el Hijo de Dios, el Salvador del Mundo, el Dador de Vida, y Él tiene más poder que todo el poder del diablo." *Dios ungió con el Espíritu Santo y con poder a Jesús de Nazaret, y cómo este anduvo haciendo bienes y sanando a todos los oprimidos por el diablo, porque Dios estaba con él."* Hechos 10:38 Ella siguió diciendo: "Si te arrepientes de tus pecados y entrega tu vida a Él, Él te salvará, te transformará, te liberará y te dará una nueva vida." Nunca antes alguien me había dicho tales palabras de esperanza, pronunciándolas con tanto amor, y mostrando una profunda empatía. Esa fue realmente una actitud diferente a la que yo estaba acostumbrada. Le dije a Nancy que todos los médicos y psiquiatras me habían dicho que yo era una *causa perdida.* Cuestioné su declaración de que yo podía cambiar. Yo no tenía esperanza, ni veía la salida después de escuchar por largos años las mentiras dichas por profesionales capacitados. Estaba convencida de que yo era una causa perdida. Hasta ese día, no creía que hubiese una solución para mi problema. Pero en ese día, un rayo, aunque lejano, brilló en mi vida. Las palabras de Nancy eran como agua en tierra seca, una luz al final del largo y oscuro túnel.

Por tantos años mi corazón anhelaba escuchar este tipo de noticias. Empecé a emocionarme al oír las posibilidades de las que hablaba Nancy. Pude ver la realidad de lo que decía, evidenciado en su vida. La realidad de su fe estaba encarnada en ella; en sus ojos, en su voz, en su expresión y en el tono de su voz. Mientras ella me hablaba, yo estaba pensando, " ¡Si esto es verdad, debe ser algo maravilloso! Si hay esperanza para mí, podría llegar a ser como ella; tener paz y gozo como los tiene ella. Hasta me imaginaba poder tener la una sonrisa como la suya. Le pregunté a Nancy: "¿Es eso lo que tú tienes? Ella respondió: "¡Sí! Si ves algo bueno en mí, es Jesucristo. Él es mi alegría, mi paz y mi razón de vivir." Me preguntó si podía orar conmigo y si quería entregar mi vida al Señor. Le dije: "Sí, pero tengo una pregunta. ¿Tendré tu sonrisa también?" Ella dijo: "Sí, tú también tendrás una sonrisa porque Jesús te llenará con su gozo."

Debo añadir que no entiendo a esos cristianos que

nunca parecen tener gozo. Cuando predico, le digo a la gente que sonreír es la manera que uno tiene para demostrar que Dios nos ha salvado y llenado de gozo y gloria. Yo tengo esta sonrisa desde 1969; cada día es más grande y la gente la admira; es como una puerta abierta para testificar. Siempre pienso en Nancy, en su sonrisa y en la impresión duradera que tuvo en mi vida. La verdad es que cuando sonrío, me siento mejor. Ahora sé lo que significa *"el gozo del Señor es mi fortaleza."*

Nancy me condujo, a través de las Escrituras, por el camino de la salvación. He aquí algunos importantes pasajes que tienen que ver con la salvación.

"Arrepentíos porque el reino de los cielos se ha acercado." Mateo 4:17

"Por cuanto todos pecaron, y están destituidos de la gloria de Dios." Romanos 3:23

"Porque la paga del pecado es muerte, más la dádi-

va de Dios es vida eternal en Cristo Jesús Señor nuestro." Romanos 6:23

Nancy me explicó que todos somos pecadores y necesitamos un Salvador. Adán y Eva fueron colocados en el jardín de Edén, y todo estaba perfecto. Dios les dijo que no comieran del árbol del conocimiento del bien y del mal, pero el diablo vino y tentó a Eva. Ella le hizo caso al diablo y desobedeció a Dios. Debido a eso, el pecado entró en la raza humana con una sentencia de muerte, pero Dios proveyó un Salvador, su Hijo, Jesucristo, para que entregara su vida para redimirnos de la maldición que trajo la ley. *"Porque de tal manera amó Dios al mundo, que ha dado a su Hijo unigénito, para que todo el que cree, no se pierda, mas tenga vida eterna."* Juan 3:16

Cuando Nancy comenzó a orar por mí, pude sentir el poder sobrenatural de Dios sobre mi vida. Era como si un terremoto estuviese derrumbando todo mi cuerpo; como si Dios estuviese removiendo todo mi ser. Empecé a pedir perdón y a arrepentirme de mis pecados. Oré la oración del pecador. Inmediatamente pude sentir la paz de Dios. Nancy siguió citano a Romanos 10:9 y 10: *"Si confesares con tu boca que Jesús es el Señor, y creyeres en tu corazón que Dios lo levantó de los muertos, serás salvo. Porque con el corazón se cree para justicia, pero con la boca se confiesa para salvación."*

Nancy hizo una oración para liberarme de la esclavitud demoniaca. Yo conocía lo que era el poder del diablo, así que noté que lo que ahora estaba experimentando en mi corazón era diferente. Este era solo el comienzo de un largo viaje hacia la liberación completa. Nancy siguió ministrándome e hizo muchas más oraciones para que yo fuese liberada por el poder de Dios, y llevarme a la siguiente etapa. Yo abracé todo lo que Nancy me enseñó durante dos años. Había muchas fortalezas en mi vida que tenían que ser derribadas, pero la relación que tuve con Jesús desde el primer día fue tan maravillosa que, ahora, yo podía entender a lo que me estaba enfrentando y lo que me faltaba para tener la victoria.

Madame Jeanne Guyon dijo:

"Cuando te acerques al Señor, hazlo como si fueses un niño débil, como si estuvieses manchado, sucio, magullado, lastimado, porque has caído otra vez. Ven al Señor como alguien que no tiene fuerza propia, ven a Él como alguien que no tiene poder para limpiarse a sí mismo. Humildemente presenta tu lamentable condición delante del Padre."

A pesar de que esto era como un viaje, ahora lo estaba recorriendo como alguien que ha dejado el reino satánico y va apresuradamente hacia delante hasta tener la victoria. Ya no estaba en un túnel, sino estaba haciendo un viaje hacia la libertad total y una nueva vida. Ahora era una aventura porque yo me regocijaba por lo que dejaba atrás, y miraba con optimismo a lo que Dios tenía preparado para mí, no solamente mi liberación, sino el cumplimiento de Sus propósitos para mí en esta tierra. Nancy siempre me recordaba a Jeremías 1:5, *"Antes que te formase en el vientre, te conocí, y antes que nacieses te santifiqué, te di por profeta a las naciones."*

Poco sabía o podía yo siquiera imaginar que estaría viajando por quince países predicando la Palabra del Dios viviente. Nancy compartió conmigo varias veces, a lo largo del viaje, que Dios le había revelado que Él tenía un llamado para mi vida y que ella debía trabajar conmigo y ministrarme. Me dijo que ahora yo necesitaba conocer la Palabra de Dios para ser totalmente liberada de la esclavitud del diablo. Nancy me repetía una y otra vez que había poder en la Palaba de Dios. *"Así que la fe viene por el oír, y el oír, por la palabra de Dios."* Romanos 10:17 Me dijo que yo necesitaba asistir a la iglesia. Venía en su coche y me llevaba a todos los servicios, aunque eso significaba media hora más de camino para ella. Yo estaba decidida a conseguir la misma clase de vida que la que Nancy tenía. Yo quería tener una relación profunda con el Señor, como ella tenía. Deseaba el poder, la autoridad, la paz y la alegría que ella tenía. Lo quería todo de una vez, pero pronto aprendí que era un proceso que requería entrega, compromiso y disciplina en las cosas de Dios.

La Palabra de Dios es el secreto de la victoria. Nancy siempre estaba citando la Biblia. Cada vez que le hacía una pregunta siempre decía, "veamos lo que dice la Palabra de Dios." Ella decía que la permanencia de mi liberación estaba en el poder de la Palabra de Dios. Yo necesitaba llenarme de la Palabra de Dios ahora. Así comenzó el camino hacia la liberación y la estabilidad en mi nueva vida cristiana. Nancy me aseguraba que II Corintios 5:17 se haría realidad en mí. ***De modo que si alguno está en Cristo, nueva criatura es; las cosas viejas pasaron, he aquí todas son hechas nuevas.*** Nancy repetía constantemente, *"La Palabra de Dios es tu liberación. La Palabra de Dios es su liberación."*

Además de llevarme con ella a la iglesia, Nancy era mi mentora semana tras semana. Yo quería lo que ella tenía a cualquier costo. Yo admiraba su conocimiento de las Escrituras. Ella era autodidacta y, por supuesto, enseñada por el Espíritu Santo. Era mi inspiración para la clase de vida que yo quería, aunque nunca pensé que sería posible, ya que todo lo que se habían hablado sobre mí era pesimismo y fatalidad.

En la iglesia yo me sentaba al lado de ella, observándola atentamente e imitándola. Con mi mente infantil, yo pensaba que si la imitaba conseguiría lo que ella tenía. De alguna manera, creo que Dios tradujo mis acciones en hambre por Él. Más tarde, Él me enseñaría que no se trata sólo de imitar a alguien, sino de practicar la devoción a Dios, que es lo que produce espiritualidad. Pero mientras tanto, de una manera infantil, pero con un corazón sincero, me levantaba cuando ella se levantaba, levantaba mis manos en adoración cuando ella lo hacía. La escuchaba orar e intentaba copiarla. Cuando ella iba hacia el altar para orar al final del servicio para buscar la Presencia de Dios, yo la seguía. Un año después, en ese mismo altar, Dios me bautizó en el Espíritu Santo. *"Pues tú has librado mi alma de la muerta, mis ojos de lágrimas, y mis pies de resbalar."* Salmo 116:8

Dios hizo grandes cambios en mi corazón cuando rendí mi vida a Jesús y lo acepté como mi Señor y Salvador. Mi liberación no fue instantánea; fue un proceso continuo. Todavía había muchas montañas que escalar y muchos ríos que cruzar. Sin embargo, ya no estaba sola en el barco. Ahora tenía un destino y un objetivo que cumplir como hija de Dios. No obstante, seguía luchando contra la condenación y el miedo. Me lamentaba por haber mutilado mi propio cuerpo. Me condenaba a mí misma por mi comportamiento. *"Porque no nos ha dado Dios espíritu de cobardía, sino de poder, de amor y de dominio propio."* (2 Timoteo 1: 7) Nancy me aseguraba del perdón de Dios, y me decía que si Dios me ha perdonado, ¿quién era yo para condenarme a mí misma. *"Si confesamos nuestros pecados, él es fiel y justo para perdonar nuestros pecados, y limpiarnos de toda maldad."* I Juan 1: 9 *"De modo que si alguno está en Cristo, nueva criatura es; las cosas viejas pasaron, he aquí todas son hechas nuevas."* II Corintios 5:17 Este versículo lo tuve que hacer mío, y ponerle mi nombre. Algunos días esta escritura parecía como un sueño maravilloso, y otros días parecía una realidad. Tuve que aprender a no vivir conforme a mis sentimientos, sino conforme a la verdad de la Palabra de Dios. Dios había liberado, rescatado y vivificado mi mente, pero cuando me dejaba llevar por la condenación, el miedo se apoderaba de mí. Me parecía que era un camino largo para lograr la clase de fe que tenía Nancy. Una noche, mientras me preparaba para dormir, el diablo me dijo: *"Tú no estás realmente a salva. Eres mala. Dios nunca te perdonaría."* Era obvio que las fuerzas demoníacas estaban luchando para mantener un punto de apoyo en mi mente y mi vida.

Recuerdo que una noche cuando estaba en el hospital, todavía bajo cuidados psiquiátricos, a pesar de que ya había comenzado mi nueva vida en Cristo, los funcionarios discutían mi caso con los médicos en cuanto a si debían o no mandarme definitivamente a una institución mental. Nancy llamó a una pareja de intercesores, ellos derrotaron, usando las Escrituras como su arma, a las huestes del enemigo y el propósito que tenían para destruir mi futuro e incluso mi vida. ¡Hubo éxito! No fueron capaces de obtener un fallo de la corte para encerrarme.

Cuando el diablo empezó a hablarme, primeramente sentí mucho miedo. Mi primer instinto fue correr a la habitación de mis padres donde había un teléfono y llamar a Nancy. Llamé, pero la línea estaba ocupada. Mientras caminaba de regreso a mi dormitorio el Espíritu Santo me dijo: *"UTILIZA MI PALABRA. HAY PODER EN MI PALABRA"* Me dije por dentro, *"bueno, ahora voy a ver si lo que enseña Nancy realmente funciona."* Pensé en las muchas lecciones que ella me había enseñado en su mesa de la cocina, y las Escrituras comenzaron a dar vueltas en mi cabeza. Pero ahora era diferente. Yo estaba acostumbrad a oír a Nancy, mi madre espiritual y mi mentora, reprendiendo al diablo y declarando la Palabra de Dios. ¿Me respondería el diablo a mí como lo hacía con la sierva de Dios? Yo era sólo un bebé en el Señor. Bueno, esa noche descubrí que no se trataba de Nancy o de mí, sino del poder de la Palabra hablada de Dios. El poder y la autoridad vienen de la Palabra, del Nombre de Jesús, y de la sangre de Cristo. Regresé a mi cuarto, tomé mi Biblia y comencé a declarar al diablo: *"Diablo, la Biblia dice eres un mentiroso y padre de mentiras.* Juan 8: 44 *Yo soy hija de Dios.* **"Mas a todos los que le recibieron, a los que creen en su nombre, les dio potestad de ser hechos hijos de Dios."** Juan 1:12 *"Yo he confesado con mi boca y creído en mi corazón que Jesús es el Hijo de Dios, así que, diablo, yo soy hija de Dios. Diablo, yo pertenezco al Señor. Yo he sido lavada con la sangre de Cristo."* **"En quien tenemos**

245

redención por su sangre, el perdón de pecados según las riquezas de su gracia." Efesios 1:7 *"Diablo, mis pecados ya no existen ¿Quién puede lavar mis pecados? Nadie, sino la sangre de Cristo."*

Estuve muy consciente de la presencia del Espíritu Santo. Yo estaba segura que Dios estaba dando testimonio de Su Palabra, luchando contra los pensamientos oscuros de mi mente y contra los dardos acusadores que el diablo me tiraba. "***Si confesamos nuestros pecados, él es fiel y justo para perdonar nuestros pecados, y limpiarnos de toda maldad.***" (I Juan 1:9) "***Y conoceréis la verdad, y la verdad os hará libres.***" Juan 8:32 "***Para esto apareció el Hijo de Dios, para deshacer las obras del diablo.***" I Juan 3:8 "***Someteos, pues a Dios, resistid al diablo, y huirá de vosotros.***" Santiago 4:7

Mientras seguía resistiendo al diablo y declarando la Palabra de Dios, las enseñanzas de mi mentora se hicieron realidad. Yo dije al diablo: *"Diablo, en el Nombre de*

Jesús, a través del poder de la Palabra de Dios, y bajo la unción del Espíritu Santo, te pongo bajo mis pies. Ya no tienes control sobre mi vida, porque para mí el vivir es Cristo. **"Mayor es el que está en MÍ que el que está en el mudo."** I Juan 4:4 *Yo soy una hija de Dios, una vencedora, no por mi propia fuerza sino por el poderoso Dios que mora en mí! Diablo, escucha lo que dice la Palabra de Dios:* **"¿Qué más podemos decir? Que si Dios está a nuestro favor, nadie podrá estar en contra de nosotros. El que no escatimó ni a su propio Hijo, sino que lo entregó por todos nosotros, ¿cómo no nos dará también con él todas las cosas? ¿Quién acusará a los escogidos de Dios? Dios es el que justifica. ¿Quién es el que condenará? Cristo es el que murió; más aún, el que también resucitó, el que además está a la derecha de Dios e intercede por nosotros. ¿Qué podrá separarnos del amor de Cristo? ¿Tribulación, angustia, persecución, hambre, desnudez, peligro, espada? Como está escrito: «Por causa de ti siempre nos llevan a la muerte, somos contados como ovejas de matade-**

ro.» Sin embargo, en todo esto somos más que vencedores por medio de aquel que nos amó. Por lo cual estoy seguro de que ni la muerte, ni la vida, ni los ángeles, ni los principados, ni las potestades, ni lo presente, ni lo por venir, ni lo alto, ni lo profundo, ni ninguna otra cosa creada nos podrá separar del amor que Dios " Romanos 8:31-39 *"Así que, diablo, ya no tienes ningún derecho legal para estar aquí, y yo declare que tú ya no tienes ningún poder sobre mí porque así lo dice la Palabra de Dios."*

¡Gracias Dios mío, SOY LIBRE, SOY LIBRE, SOY LIBRE, GLORIA A DIOS, SOY LIBRE!

Cuando estaba haciendo esta declaración, a mitad del camino, me di cuenta de que ya no sentía el poder del diablo en la habitación. No se trata aquí de *"declara y decreta"* según la famosa fórmula de la *súper gracia*. Esta declaración debe ir acompañada de una vida entregada y comprometida. No estoy hablando de perfección sino de vivir en obediencia, con un corazón dispuesto a la corrección del Espíritu Santo que es el que nos disciplina y corrige. Hay una autoridad que viene de la intimidad genuina con Jesús. Yo creo que este testimonio del glorioso poder y de la misericordia de Jesús, lo puede ayudar a usted a aumentar su fe para creer en el milagroso poder de Dios para su vida. Ningún obstáculo, ya sea pecado, enfermedad, pobreza, desesperanza o esclavitud, es demasiado grande para que el Señor lo derrumbe y lo transforme. Jesús vino para darnos vida, y vida en abundancia.

Ni la aceptación, ni aprobación de los hombres se puede comparar con el favor de Dios cuando se derrama en nuestras vidas en el momento de la batalla, cuando no solamente sacamos tiempo para saber más de Él, sino para conocerlo más en Su Presencia, y ser liberados.

¡EN SU PRESENCIA LO TENEMOS TODO!

CAPÍTULO 21

EN SU PRESENCIA DIOS PREPARA PARA EL MINISTERIO

"Porque mi poder se perfecciona en la debilidad"

II Corintios 12:9b

El éxito que uno logra comienza con la preparación que nos conduce hacia ese éxito. Usted logrará grandes victorias cuando no se deje cegar por su debilidad o incapacidad. Hay mucha gente en el cuerpo de Cristo sentada en las veredas porque se consideran incapaces e inútiles. Yo he aprendido a través de la experiencia, que esa es la clase de material que Dios usa para lograr grandes cosas en Su Reino, hasta lo imposible. Dios, entonces tendrá toda la gloria y honor. Si se siente frustrado por su debilidad o por lo que el mundo llama incapacidad, usted es el candidato perfecto para ser un vaso útil en las manos de Dios.

Los mayores testimonios que usted puede dar son los que surgen de las circunstancias difíciles por las que usted ha pasado. David había estado huyendo por meses de Saúl, y como es de comprender, se encontraba agotado. Se retiró a la cueva de Andulán. Podría sentirse derrotado a causa de las circunstancias o podría volver su mente hacia el Señor y dejar de pensar en ellas. Al diablo le hubiese encantado destruir a David y convertir la cueva en su sepultura. Pero David tomó una decisión que cambiaría su testimonio y su futuro. Podría haberse entregado a la desesperación, pero David habló palabras que lo sostendrían para el resto de su vida. *"Bendeciré a Jehová en todo tiempo, su alabanza estará de continuo en mi baca. En Jehová se gloriará mi alma; lo oirán los mansos y se alegrarán. Engrandeced a Jehová conmigo, y exaltemos a una su nombre."* Salmo 34:1-3

Puede ser que usted no tenga muchas ganas de alabar a Dios cuando se siente herido, pero haga como David que sabía que su futuro dependía del favor de Dios y dijo *"Alabare a Dios en todo tiempo."* Es en los momentos más difíciles que nos preparamos en Su Presencia para las grandes victorias, entonces decidimos adorarlo porque, como ya sabemos, la adoración abre el camino hacia un ministerio ungido para ayudar a los que están heridos y adoloridos, y a los que sienten que sus vidas no sirven para nada.

Voy a contar una historia sobre una persona que no parecía ser un buen candidato para el ministerio. Su nombre es Aod, y se encuentra en el libro de Jueces. *"Y clamaron los hijos de Israel a Jehová; y Jehová les envió un libertador, a Aod hijo de Gera, benjamita, el cual era zurdo. Y los hijos de Israel enviaron con él un presente a Eglón rey de Moab. Y Aol se había hecho un puñal de dos filos, de un codo de largo; y se lo ciño debajo de sus vestidos a su lado derecho. Y entregó el presente a Eglón rey de Moab; y era Eglón hombre muy grueso. Y luego que hubo entregado el presente, despidió a la gente que lo había traído. Mas él se volvió desde los ídolos que están en Gilgal, y dijo: Rey, una palabra secreta tengo que decirte. Él entonces dijo: Calla. Y salieron de delante de él todos los que con él estaban. Y se acercó Aod, estando él solo sentado en su sala de verano. Y Aod dijo: Tengo palabra de Dios para ti. Él entonces se levantó de la silla. Entonces alargó Aod su mano izquierda, y tomó el puñal de su lado derecho, y se lo metió por el vientre, de tal manera que la empuñadura entró también tras la hoja, y la gordura cubrió la hoja, porque no sacó el puñal de su vientre; y salió el estiércol."* Jueces 3:15-22

Esta es la historia de una persona que aparentemente Dios no habría escogido para liberar a Su pueblo. Aod, un juez zurdo del Antiguo Testamento y un guerrero, aparentemente incapaz de ser usado por Dios para llevar a cabo un asesinato. Para una tarea como esa se necesitaba, tenacidad, una mano firme y sobre todo habilidad de parte de Dios.

En Jueces 3 podemos leer por qué clase de opresión estaban pasando los israelitas. Llevaban dieciocho años sirviendo a un pueblo mucho más fuerte que ellos, un pueblo idolatra e inhumano. Después de dieciocho años de opresión, clamaron a Dios, y Dios levantó a Aod, el libertador que Él escogió para liberarlos. Aod era una persona corriente, sin ninguna habilidad en particular. Aod solamente pidió una entrevista con el rey diciéndole que tenía un mensaje de parte de Dios. No hubo nada de bombas, amuniciones o reuniones diplomáticas. Su plan era muy sencillo; un hombre, un puñal, una bolsa con dinero, y mucha fe. Meditemos en esto por un momento: Aod tiene una reunión privada con el rey, lo asesina, no le permite a los guardias entrar, y se escurre por la ventana sin ser visto. Después de esta tremenda victoria, mandó a las tropas de Israel para que atacasen a los moabitas. Estas tuvieron gran éxito al liberar a los israelitas.

Aod no era la persona más indicada, pero nada es imposible para Dios. La tarea que Dios demanda viene siempre acompañada de Su poder. Dios ungió a Aod, lo preparó, tomó ventaja de su falta de habilidad o deseo. El plan que Dios tenía estaba más allá de las habilidades o de la imaginación de Aod. Los planes que Dios tiene para usted van más allá también de lo que se pueda imaginar. Si usted puede arriesgarse y entender que no es por la habilidad que usted tiene, sino porque el Espíritu trabaja de una manera sobrenatural en usted. No se adapte al molde que los hombres o la religión han creado para usted; vaya más allá de las limitaciones o habilidades humanas, viva y actué sobrenaturalmente en Su Presencia.

Yo he chocado con personas y organizaciones religiosas que han tratado de desanimarme a causa de la edad, la falta de talentos y habilidades. Después de todo, yo no parezco ser la persona indicada para construir un Centro de Avivamiento par dos mil quinientas personas, o llevar cientos de personas a Guatemala para enseñarles lo que son las misiones. Tengo varias incapacidades físicas, y me enfrento a desafíos diarios para poder hacer el trabajo del ministerio, ocuparme de la oficina, preparar mentores para los viajes misioneros. Pero he visto una y otra vez cómo mi debilidad y la poderosa unción de Dios han inspirado a otros al ver mi determinación. Cuando me siento débil, pienso en los testimonios que me han llegado de personas que han sido inspiradas por mi testimonio, y eso me da fuerzas para seguir adelante y seguir dando ánimo a los que se han desmayado en el camino. La victoria no está en mi debilidad, sino en lo que Dios hace con ella, y con las fuerzas que Él me da. Ciertamente, no es con fuerza, ni con poder, sino por Su Espíritu.

Pablo estaba impresionado al ver como Dios utilizaba su debilidad para hacerlo fuerte. Pablo aprendió que hay fuerza en la debilidad, una fuerza que no se puede tener de otra manera. Pablo es el gran experto en debilidad. De las treinta y tres referencias que hay de la palabra *debilidad* en el Nuevo Testamento, Jesús usó una, Pedro una también, pero las demás son de Pablo. Cuando el Señor se le apareció, lo tiro del caballo y lo dejó ciego, Pablo cambió totalmente de opinión sobre la relación que hay entre poder y debilidad. Aprendió por experiencia que su fuerza consistía en su debilidad, y la debilidad de Cristo era el poder. Como resultado, esta paradoja entre poder y debilidad, corre a través de todos los escritos de Pablo. Nos imaginamos a Pablo como una bola de fuego en erupción de la estatura de Hércules. Pero en realidad, Pablo era pequeño y débil en apariencia, según su propio testimonio; andaba con temor y temblor al predicar. Pablo era un hombre minusválido, y la razón por la cual Dios usó esta clase de persona, lejos de ser perfecta, para proclamar a un Salvador perfecto, el mismo lo indica: ***"Para que vuestra fe no este fundada en la***

sabiduría de los hombres, sino en el poder de Dios. "
I Corintios 2:5 Si una persona poderosa, talentosa y dinámica motiva a la gente a responder al Evangelio, uno nunca sabrá si habrá sido el poder de Dios o la personalidad del hombre. Pero si una persona débil y minusválida es usada para motivar a otros, uno puede estar seguro que fue el poder y la unción del Espíritu Santo. *"Lo débil de Dios es más fuerte que los hombres."* Busque Su Presencia y descubra la tarea que Dios le tiene preparada, y no subestime lo que Dios puede hacer a través de usted para Su gloria.

¡EN SU PRESENCIA LO TENEMOS TODO!

PARTE III

AVIVAMIENTO EN SU PRESENCIA

CAPÍTULO 1

EN SU PRESENCIA - LA CONVICCIÓN TRAE AVIVAMIENTO

No sigáis vuestro corazón ni la religión organizada, seguid la convicción del Espíritu Santo.

"El corazón es engañoso y perverso, más que todas las cosas. ¿Quién puede decir que lo conoce? "Jeremías 17:9

Creo firmemente que necesitamos arrepentimiento y una profunda convicción de pecado para experimentar el avivamiento. La convicción lleva al arrepentimiento. Primero debemos hacer un examen serio y profundo de nuestras vidas, nuestros corazones y nuestras motivaciones, y ver nuestra necesidad de arrepentimiento.

A los santos que han sido anestesiados por el espíritu de esta era, el Dr. R. A. Torrey les dice:

"Tengo una teoría,que no hay iglesia, capilla, o misión en la tierra donde no se pueda tener un avivamiento, siempre que haya un pequeño núcleo de gente fiel que se aferre a Dios hasta que baje. **Primero**, *que unos pocos cristianos, no tienen por qué haber muchos, se acerquen completamente a Dios ellos mismos. Esto es lo esencial. Si no se hace, el resto, lo siento decir, no sucederá, y se reducirá a nada.* **Segundo**, *que se unan para orar por el avivamiento hasta que Dios abra los cielos y descienda.* **Tercero**, *que se pongan a la disposición de Dios para ser usados como Él considere oportuno, para ganar a otros para Cristo. Eso es todo. Esto es un plan seguro para traer el avivamiento a cualquier iglesia o comunidad. He distribuido esta receta por todo el mundo. Ha sido aceptada por muchas iglesias y muchas comunidades, y en ningún caso ha fallado nunca, y no puede fallar."*

En el capítulo 64 de Isaías, leemos cómo el pueblo de Dios fue llevado cautivo, lo cual es un cuadro de nuestra iglesia moderna y de su salud espiritual. Su obra estaba

en mal estado, y su pueblo estaba oprimido y desesperado, como los creyentes de hoy. La iglesia ha sido llevada
al cautiverio por el mundo, adormecida con la apatía de
la carne y del diablo. Los creyentes están en estado de
pánico, ya que viven escuchando las noticias que se bom-
bardean en sus salas de estar todas las noches. Muchos
no tienen esperanza de un avivamiento. ¡Ellos ni siquiera creen que el avivamiento sea posible! Necesitamos la
convicción que nos llevará a arrepentirnos por nuestra
manera mundana de caminar, y por no creer que el derramamiento del Espíritu Santo es posible.

James Goll dijo:

*"Gran parte de la iglesia moderna ha fallado en cumplir su
promesa de tener una relación importante con Dios, y ha ofreci-
do un ritual rígido, una formalidad superficial, y una tradición
vacía como sustitutos baratos."*

Nada puede suceder a menos que enfrentemos los
hechos y veamos nuestra salud espiritual declinante,
marcada con los siguientes síntomas:

1. Sabrosas enseñanzas sobre el éxito y las comodidades personales, en lugar de una predicación centrada en Cristo que nos lleve al arrepentimiento.

2. Por otro lado, el legalismo que no es otra cosa que gracia barata.

3. Reuniones de oración con poca asistencia.

4. Iglesias cargadas de programas, demostraciones especiales de talento y producción, en lugar de servicios repletos de esa clase de adoración que cambia la vida, y llamados que lleven a la gente al altar con convicción y arrepentimiento.

5. Apatía y rigidez religiosa en lugar de participación espontánea de corazones con el fuego por el amor a Jesús.

6. Servicios ausentes de la Presencia manifiesta de Dios, y sentirse satisfecho con rutina religiosa y con tener un *"buen"* culto.

7. Un interés decreciente en el estudio de la Palabra y la preparación de uno mismo para el ministerio.

8. Complacencia en el cumplimiento de satisfacer las necesidades de la iglesia en lugar de vivir para los demás y estar disponible para ayudar aunque no sea ese su llamado, como algunos ponen por excusa.

9. Cancelar el servicio del domingo, y acomodar la iglesia para que los hombres puedan ver los juegos de pelota.

10. Sermones dominicales en los que el predicador estimula la audiencia a cómo tener éxito en el mundo.

11. En lugar de discernir el error, la iglesia de hoy es fácilmente engañada por predicadores que ofrecen adulaciones y consuelo a la gente, hundiéndola en un estupor espiritual.

12. La iglesia se siente satisfecha aunque nunca se oigan testimonios de sanidad o de liberación, a pesar de que estas cosas siguen escritas en la lista de sus creencias.

13. Se Considera el pecado livianamente y se evita la Cruz, para que la iglesia pueda mantenerse al día con el evangelio moderno, en lugar de la antigua predicación de la Cruz, que salva y sana.

14. Iglesias que no crecen, donde año tras año la misma gente llena los bancos, en lugar de tener crecimiento porque se sale afuera a ganar almas perdidas y a invitar a la gente a la iglesia.

15. Hay muy pocas personas llenas del Espíritu Santo, y la mayoría no han sido totalmente liberadas, quebrantadas y llenas del fuego celestial.

¿Es Jesucristo sólo una decoración en su vida? ¿Está usted comprometido con Dios y vive para Él y sus propósitos? ¿Es su deseo estar al servicio de Dios cada día, o sencillamente vive usted para sí mismo, y le basta con obtener de Dios lo necesario para pagar las cuentas y cubrir la lista de sus propias comodidades? ¿Cuál es su lema?, *"¿Prefiero ser mimado que condenado?"*, *"¿He contemplado el costo, y ninguna de estas cosas me conmueve?"*, o prefiere, *"Todo a TI me rindo y libremente todo te lo entrego a TI!"*

Si llegado este punto, usted se está diciendo, *"!oh, esto es muy condenatorio, necesito algo más alentador!"*, mi amigo este es el momento de sentir convicción y arrepentirse. Hay avivamiento en su corazón cuando usted reconoce donde ha fallado y deja que Dios le perdone y lo restaure. Dios derramará Su Presencia en su vida de una manera nueva y fresca, guiándole a una vida que usted nunca creía posible.

¡EN SU PRESENCIA LO TENEMOS TODO!

269

CAPÍTULO 2

EN SU PRESENCIA – SE ORA POR AVIVAMIENTO

"Si se humillare mi pueblo, sobre el cual mi nombre es invocado, y oraren, y buscaren mi rostro, y se convirtieren de sus malos caminos; entonces yo oiré desde los cielos, y perdonaré sus pecados, y sanaré su tierra."

II Crónicas 7:14

'*La única razón por la que no tenemos avivamiento es porque estamos dispuestos a vivir sin 'él'.* Leonard Ravenhill

"El pastor que no ora está jugando. Las personas que no oran se están alejando." "Tenemos mucha gente para organizar, pero pocas para agonizar; muchos jugadores y pagadores, pocos

intercesores. Muchos cantantes, pocos seguidores; montones de pastores, pocos luchadores; muchos temores, pocas lágrimas; mucha moda, poca pasión; muchos que interfieren, pocos que interceden; muchos escritores, pero pocos combatientes. Si fallamos en esto, fallamos en todo." Leonard Ravenhill

Lo que les dio el poder espiritual a decenas de gigantes espirituales como Wesley, Lutero, Finney y Moody en el pasado, todavía es valedero para dárnoslo a nosotros, y traernos un avivamiento hoy día. Los títulos que tengamos no pueden competir con el poder de la oración. *"Acercaos a Dios y él se acercará a vosotros."* (Santiago 4:8) Esta promesa no tiene nada que ver con nuestras habilidades educativas, o su con la profesión que tenemos, o con nuestra herencia. Esto es para todos los que están hambrientos de Dios, para los que desean entrar en Su Presencia, y permanecer allí hasta que oigan la voz desde el cielo. Para ver este tipo de avivamiento en América y en nuestras iglesias, será necesario que nos motivemos a orar, tanto personalmente como corporativamente.

Nuestra teología puede decir una cosa, pero nuestra experiencia real muchas veces la niega. Necesitamos un avivamiento que sólo la oración puede traer y sustentar. Las iglesias tienen rótulos que dicen que son pentecostales, pero cuando usted asiste a sus servicios, muchos bancos están vacíos. La iglesia no tiene el poder del que habla o canta. La iglesia está luchando por sobrevivir en su presente estado apático. A las reuniones de oración asiste muy poca gente, incluso en las grandes iglesias. Prediqué en una iglesia de tres mil personas en El Salvador durante los varios servicios nocturnos. Luego me invitaron a asistir a la reunión de oración en la mañana. Yo fui con mucha ilusión, puesto que esperaba ver mucha gente allí, ya que era una iglesia muy grande. Para mi sorpresa y decepción, menos del diez por ciento de la congregación asistió. Si hay pasión cuando las personas oran, se nota, es evidente. La oración apasionada mueve a Dios. No podemos venir a Dios de manera indolente, perezosa, y orar sin seriedad. Si somos apasionados, seremos fervientes en la oración. ***"La oración eficaz del justo puede mucho."*** (Santiago 5:16) Santiago indica aquí que no debemos seguir los movimientos y rituales típicos de la oración. Para que Dios conteste las oraciones, tenemos que orar con intensidad y pasión. Pero no solamente con pasión o fervor, Santiago también enfatiza que las oraciones de una persona justa son las más poderosas porque son contestadas. Santiago menciona, en la primera parte del versículo, otro aspecto importante sobre la calidad de la oración, ***"confesar nuestra faltas uno a otros."***

La Biblia nos da repetidos ejemplos de cómo Dios contesta la oración, y debe servir de motivación a los creyentes de hoy día, al momento de orar. Una de mis ilustraciones favoritas está en Hechos 12:1-19. La Biblia registra un ejemplo de cómo el Señor contestó las oraciones fervientes de su pueblo, y nos muestra cómo, también nosotros podemos orar con eficacia. ***"En aquel mismo tiempo el rey Herodes echó mano*** *a algunos de la iglesia para maltratarles. Y mató a espada a Jacobo, hermano de Juan. Y viendo que esto había agradado a los judíos, procedió a prender también a Pedro. Eran entonces los días de los panes sin levadura. Y habiéndole tomado preso, le puso en la cárcel, entregándole a cuatro grupos de cuatro soldados cada uno, para que le custodiasen; y se proponía sacarle al pueblo después de la pascua. Así que Pedro estaba custodiado en la cárcel; pero la iglesia hacía sin cesar oración a Dios por él. Y cuando Herodes le iba a sacar, aquella misma noche estaba Pedro durmiendo entre dos soldados, sujeto con dos cadenas, y los guardas delante de la puerta custodiaban la cárcel.”* El versículo 5 resume la situación: *“Así que Pedro estaba custodiado en la cárcel; pero la iglesia hacía sin cesar oración a Dios por él.”*

No había ninguna esperanza desde la perspectiva humana; Pedro iba a ser ejecutado al día siguiente. Pero un ángel apareció en la celda de la cárcel, despertó a Pedro y le dijo que rápidamente lo siguiera. Al instante, cayeron sus cadenas, y él siguió al ángel más allá de la primera y la segunda guardia, luego abrió la puerta de hierro por sí mismo. Pedro se encontró en la calle, y luego el ángel desapareció de repente. Entonces se dio cuenta que no era una visión, pero que él había sido liberado por Dios. Esto era humanamente imposible, pero el poder de la oración lo liberó y rompió las cadenas que lo mantenían cautivo. Cuando él llegó a la casa de María y tocó a la puerta, la criada que iba a abrir se sorprendió y regresó dentro sin abrir la puerta. La prisión fue sacudida, pero las personas que estaban orando también lo fueron. Necesitamos en nuestras iglesias, nuestros hogares y nuestras vidas esta clase de sacudida. La oración de avivamiento hará temblar la casa espiritualmente para liberarla de métodos e ideas inventados por los hombres para jugar a *"tener iglesia."*

Les digo la verdad, mis amigos, estoy cansada de la versión humana de lo que debe ser la iglesia. He visto lo que puede pasar cuando Dios se manifiesta, y no estaré satisfecha con la religión organizada, aunque esta sea la religión pentecostal. Dios me ha librado de seguir una rutina, cantando unos coritos, oyendo un sermón aburrido, en lugar de un mensaje que viene del corazón de Dios, con pasión y fuego. Oro seriamente antes de ministrar para que Dios despierte la iglesia, le dé hambre de avivamiento, e interrumpa sus muy planeados programas. Una vez que usted ha probado la realidad de la manifestación de la Presencia de Dios y lo que puede pasar no sólo en la iglesia, pero en sus vidas, familias y comunidades, usted no querrá nunca más saber de servicios rutinarios. Ya es tiempo de orar por avivamiento, para que haya vidas trasformadas, milagros y salvaciones como nunca antes. Dios contesta la oración cuando Su pueblo seriamente tiene una relación con Él.

Es tiempo ya que la iglesia contemple seriamente cuán importante es la oración. Tenemos que dejar de hablar únicamente del tema, comenzar a predicarlo y ponerlo en práctica. La iglesia, por lo general, está en una situación peligrosa. La oración es la repuesta. Si usted no forma parte de un grupo de oración, vivo, apasionado, poderoso en su iglesia, y nota que no está pasando nada, comience un grupo de oración en su misma casa. Usted no necesita tener un título universitario, únicamente necesita un corazón hambriento que desea más de Dios.

La gente ordinaria puede ver cosas que usted piensa que únicamente los grandes personajes de antes veían. ¿Por qué no se decide usted a estar en fuego, y luego ser usted el que encienda otro fuego? Rompa el molde y sálgase de la línea monótona, sea original, rompa la rutina aburrida, y tome a Dios al pie de la letra en Su Palabra. *"Clama a mí, y yo te responderé, y te enseñaré cosas grandes y ocultas que tú no conoces.* "Jeremías 33:3

La oración ferviente es motivada por una preocupación profunda y una carga, se ofrece con entusiasmo, sentimiento y fe. No es una lista ocasional de peticiones, sino una oración que fluye de la espontaneidad del corazón. Por ejemplo, cuando Jesús oró en el Jardín de Getsemaní, *"Él estaba en agonía y oró muy fervientemente."* Lucas 22:44 Es una oración persistente que no deja de preguntar, buscar, y llamar hasta que Dios conteste. (Mateo 7:7)

La única respuesta para nuestra turbulenta nación es que la iglesia vuelva a sus raíces y principios bíblicos, y que el poder de Dios regrese de nuevo a los que están en los asientos. Desde ese lugar, fluirá hasta nuestras casas, comunidades y nación. ¿Por qué se reúnen de diez mil a veinte mil personas para orar en la Montaña de Oración, un ministerio del pastor Cho en Seúl, Corea? Ellos saben que no hay nada imposible para Dios cuando Su pueblo ora. Han descubierto que Dios suple las necesidades de las personas que se encuentran en una ciudad totalmente dedicada al ayuno y la oración.

¡Ah! ¡Una hora con Dios infinitamente excede todos los placeres y delicias de este mundo inferior! David Brainerd

¡EN SU PRESENCIA LO TENEMOS TODO!

CAPÍTULO 3

EN SU PRESENCIA – AVIVAMIENTO DE SANTIDAD

"Santidad, sin la cual ningún hombre verá al Señor."

Hebreos 12:14

"El verdadero avivamiento no es ni más ni menos que una revolución, expulsando el espíritu de mundanería y egoísmo, y dejando que Dios y Su amor triunfen en el corazón y en la vida." Andrew Murray

Durante veinticinco años, antes de que yo tuviera un encuentro fresco con el Espíritu Santo, creía que vivía una vida santa y que mi ministerio estaba bien. Yo seguía predicando la Palabra de Dios, y dejaba los milagros y demás cosas en Sus manos. Realmente yo creía que mi trabajo consistía en predicar, y que si Dios quería hacer algo más, eso era asunto suyo. Cuando el Espíritu Santo me tocó de un modo tan poderoso y me dijo que tenía que conocer lo que era tener intimidad con Dios, entonces Él comenzó una serie de transformaciones en mi corazón, en mi vida y en mi carácter durante los dos años siguientes. Él comenzó a mostrarme que la santidad al noventa cinco por ciento no era suficiente. La santidad que Él quería era mucho más profunda que una lista de reglas hecha por los hombres, de las que suelen enseñarse sobre el tema. Una vez que el Señor comenzó a enseñarme sobre la vida profunda de santidad, comencé a ver en los servicios milagros y otras evidencias sobrenaturales. Sucedió un cambio definitivo, y el fuego de Dios comenzó a caer, impartiendo hambre de Dios. *"Y el que guarda sus mandamientos, permanece en Dios, y Dios en él. Y en esto sabemos que él permanece en nosotros, por el Espíritu que nos ha dado."* I Juan 3:24

Después de dos años visitando frecuentemente el Avivamiento de Brownsville en Pensacola, el Espíritu Santo empezó a convencerme de que el noventa cinco por ciento de santidad no era suficiente, y que si yo quería que Dios me usara de una manera más grande, yo tenía que dejar que Él cambiara varias cosas en mi vida personal, tales como mi actitud y mi personalidad. Algunas veces ponemos excusas para tapar nuestras faltas diciendo, *"es que yo soy así"* o "esa es mi *personalidad."* El Señor me dio convicción sobre ciertas concesiones que yo estaba haciendo en mi vida, tales como seguir viendo una película que contenía una sola mala palabra, aunque el resto estuviese bien. El Señor me mostró varias características de mi personalidad, tales como la manera con la que trataba a la gente cuando yo no conseguía lo que quería. El Señor me dejó ver la manera arrogante con la que un ministro reaccionó en una tienda por algo que no le gustó. Realicé que esa actitud no glorificaba a Dios. El Señor me indicó que yo estaba precisamente contemplando la manera con la que yo algunas veces me comportaba. No es incorrecto decir lo que uno piensa, pero la manera en la que lo hacemos puede glorificar a Dios, o exhibir una actitud carnal que no demuestra quién es Dios. Tuve la convicción, y traté de recordarme que mi actitud no debe imitar la del mundo con *"yo soy el centro"* o *"o me merezco algo mejor."* Estamos viviendo en un mundo con *"una filosofía de derechos."* Así que ahora, si estoy en un restaurante y no me sirven lo que pedí, lo devuelvo, pero con una sonrisa en lugar de airarme o de levantar la voz.

Otra área en la que el Señor me ha ayudado es con mi autoridad. Cuando uno tiene autoridad en el ministerio es fácil responder a la gente de una manera que parece autoritaria. Sonreír y bajar la voz ayuda a que lo que uno tiene que decir sea más aceptable. Alguien un día me dijo, *"Usted no está ahora en el púlpito predicando."* El Espíritu Santo, en el avivamiento de santidad, me cambió en una persona más dulce. Ahora estoy muy consciente para no ofender al Espíritu Santo.

El Señor también me enseñó sobre la importancia de la integridad. Necesitamos estar conscientes de devolver las llamadas telefónicas, y no ignorar a la gente. Esta es una costumbre que el ministro debe tener. Algunas veces uno llama o envía un texto hasta diez veces a los pastores, y no responden. Eso muestra un defecto en el carácter. Sólo porque usted no pueda contestar con una respuesta afirmativa, no le excusa de dejar de responder, aunque sea brevemente. Tenemos que ser rápidos en cumplir con nuestras responsabilidades, tales como pagar nuestras deudas, o cumplir con las promesas que le hacemos a la gente.

Incluso cuando nos comprometemos a orar por alguien, necesitamos hacerlo, y no decirlo sólo para quedar bien. El Espíritu Santo me mostró que todas estas actitudes y comportamientos pueden comprometer mi unción. Lo más importante es que podemos ofender al Espíritu Santo y desagradar a nuestro

Señor. Recuerde lo que dice Gálata 2:20, *__Con Cristo estoy juntamente crucificado, y ya no vivo yo, mas vive Cristo en mí; y lo que ahora vivo en la carne, lo vivo en la fe del Hijo de Dios, el cual me amó y se entregó a sí mismo por mí.__*

Me encuentro, desde el avivamiento, pidiendo a Dios cada día que me perdone si he ofendido al Espíritu Santo, o si he dicho algo para ofender a alguien. Es posible tener buen éxito en el púlpito y ser un fracaso en la vida personal. Gracias a Dios por la sangre de Jesucristo que nos limpia. Pastores, si ustedes son dulces y amables con sus congregaciones, pero cuando llegan a casa se tornan violentos y verbalmente abusivos con sus esposas, esto no es una muestra de masculinidad, sino es una muestra de que ustedes han perdido el auto-control, y eso es pecado. No se puede vivir una doble vida, pero si ustedes permiten que Dios los cambie, tendrán unción fresca, fuego en sus vidas y en sus ministerios. Puede ser que los pecados de su propia personalidad hayan limitado el éxito de su iglesia y ministerio. Dios tiene mucho más en reserva para nosotros. Yo no quiero nunca volver a limitar lo que Él quiere hacer en mi vida y ministerio. *"Digo, pues, andad en el Espíritu, y no satisfagáis los deseos de la carne."* Gálatas 5:16

No es demasiado tarde para cambiar. Yo sé cómo Dios me ha refinado a mí y me ha acercado más a lo que es Su santidad. También quiero añadir que Él aún no ha terminado Su obra en mí. Cuanto más Dios me atrae hacia Él, más imperfecciones encuentro en mi vida. La santidad sería fácil si se tratara simplemente de *"esto se puede hacer, o no se puede hacer, o puedes usar esto o no puedes usarlo."* Sin embargo, cuando usted desea más de Dios, y le pide que lo renueve con Su Espíritu Santo, Él le mostrará lo que hay dentro de usted. Las impurezas internas saldrán a la superficie. Me doy cuenta de que si una persona no me trata como quiero o como merezco ser tratada, ella tendrá que responder delante del Señor, pero yo soy responsable de cómo reacciono frente a la situación. El resentimiento y la amargura causada porque nos han herido, no son una excusa cuando Dios dice que debemos perdonar.

He notado que puedo caminar bajo una mayor unción cuando perdono a alguien que me ha lastimado o me ha decepcionado. Dios usa todas esas cosas para darnos mayor bendición y unción. Sin embargo, hay algo más importante que una poderosa unción, es tener una vida que agrada a Dios. Si desea recibir el fuego sagrado de Dios, debe estar preparado para cambiar, incluso si ya ha sido transformado una vez, si es salvo y hasta ha sido bautizado con el Espíritu Santo, debe hacerlo. Dios quiere cambiarlo a usted para llevarlo al siguiente nivel de su ministerio, con una mayor unción. Recuerde que nuestro objetivo es ser como Cristo. Yo me doy cuenta que estoy continuamente cambiando, y Su Espíritu sigue corrigiéndome y perfeccionándome.

Recordemos que cuando una persona es santa, practica la mansedumbre, la paciencia, la benignidad, la bondad, controla su lengua; todo lo sufre, todo lo soporta, da mucho, es lento para la ira y para reclamar sus derechos. Una persona santa practica la templanza y la abnegación, lucha para mortificar los deseos de su cuerpo y crucificar la carne con sus pasiones y deseo, frenar sus pasiones y limitar sus inclinaciones carnales por temor a que en cualquier momento puedan soltarse.

Dios tiene mucho más para nosotros. Vamos a seguir buscando la plenitud de Dios y permitámosle rompernos, fundirnos y moldearnos para mostrarnos Su santidad. Yo sé que después, Él nos usará cómo jamás lo hubiésemos imaginado. No se conforme con poco, cuando Dios tiene mucho más.

"Avivamiento es cuando la presencia manifiesta de Dios llega y lo hace todo nuevo, fresco y vivo, transfiriendo la información

de mi cerebro a mi corazón, convirtiéndola en una realidad viviente."

"He aquí, si alguno se limpia de estas cosas, será instrumento para honra, santificado, útil al Señor, y dispuesto para toda buena obra." II Timoteo 2:21

¡EN SU PRESENCIA LO TENEMOS TODO!

CAPÍTULO 4

EN SU PRESENCIA - INTIMIDAD

"Pero cuantas cosas eran para mí ganancia, las he estimado como pérdida por amor de Cristo. Y ciertamente, aun estimo todas las cosas como pérdida por la excelencia del conocimiento de Cristo Jesús, mi señor, por amor del cual lo he perdido todo, y lo tengo por basura, para ganar a Cristo."

Filipenses 3:7-8

La primera noche que asistí a al Avivamiento de Brownsville, mientras Lindell Cooley dirigía la adoración, y el poder y la Presencia de Dios saturaban la atmósfera, le pregunté a Dios: "¿Qué es esto? El poder aquí es de una profundidad que nunca he experimentado." El Señor respondió:

"Lo que sientes aquí no se aprende en un libro de texto, es el resultado de una intimidad que tú no comprendes mucho". Tengo un doctorado en teología y siempre analizo cualquier movimiento de Dios y las manifestaciones. Pero gracias a Dios que Él cambió mi mente en los tres años siguientes. Él me condujo por un camino de enseñanza que nunca aprendí en el seminario o el colegio bíblico. Dios me dijo que me sumergiera en el río y dejara de hacer preguntas. Aprendí a disfrutar la Presencia de Dios.

Pablo, el apóstol, en su pasión para dar a entender su punto, compara todo lo que no es *"conocer a Cristo"* con estiércol. Para entender mejor, debemos realmente definir aún más lo que él nos quiere decir. Precisamente, en los dos versículos anteriores de Filipenses, Pablo acababa de darnos una impresionante lista de todas las cosas que había logrado religiosamente, las cuales lo hacían ver como un campeón espiritual a los ojos de cualquier judío.

J.A. Motyer dice así: *"El hombre, aunque esté situado en un lugar privillejado, tenga un alto código moral, sea muy religioso, celoso y devoto, con todo esto no está a la altura de ser aceptable a los ojos de Dios. Pablo, al sumar sus ventajas y logros uno por uno, no tuvo más remedio que admitir que el total era cero."* **"A fin de conocerle, y el poder de su resurrección, y la participación de sus padecimientos, llegando a ser semejante a él en su muerte."** Filipenses 3:10 Cualquier otro deseo debe desaparecer en la distancia, en comparación con el deseo del creyente de conocer a Dios. Usted puede tener más grados que un barómetro, pero hay que conocerlo a Él. **"Como el ciervo brama por las corrientes de las agua, así clama por ti el alma mía."** Salmo 42:1 La prioridad de Pablo era conocerlo a Dios. Con esa prioridad viene el poder, una vida resucitada. Con ese poder viene el dolor de compartir los sufrimientos de Cristo. Jesús enseñó: **"Si alguno quiere venir en pos de mí, niéguese a sí mismo, y tome su cruz, y sígame."** Mateo 16:25

Muy a menudo, la razón detrás de nuestras pruebas es que Dios nos quiere llevar al siguiente nivel de intimidad con Él a medida que confiamos en Él y crecemos en Él. Si usted quiere conocer a Cristo y experimentar una mayor intimidad, no le ponga resistencia al dolor, al sufrimiento o a las pruebas. Vea las pruebas como una oportunidad para profundizarse en Su Presencia. Deje que de las presiones de la vida surja la gloria. La gente que se derrama para la gloria de Dios, esa es la clase de gente que cambia al mundo.

No solo debemos enfrentar las tormentas de la vida con la ayuda y el poder de Dios, sino que debemos buscarlo con el propósito de tener comunión con Él. Dios declara a lo largo de Su Palabra que Él es nuestra torre fuerte, nuestro refugio, nuestro escondite, por citar algunos de sus atributos. Él es nuestra seguridad, aunque la mayoría de las veces buscamos encontrar seguridad en nuestra posición, nuestras riquezas, incluso en nuestros amigos y familiares. De alguna manera, pensamos que si nos intimamos con Dios, perderemos nuestra seguridad. De hecho, sucede todo lo contrario. Nos encontramos con Dios, y Él infunde todas las áreas de nuestras vidas, realzando cada una de ellas con Su presencia, poder y transformación, sentándonos en un lugar seguro en Él.

No se puede conocer a alguien bien, sino se pasa tiempo con esa persona. La intimidad se desarrolla como resultado del contacto cercano con alguien durante un período de tiempo. La confianza se desarrolla y va creciendo, y nuestro corazón comienza a cambiar. Las cosas que eran tan importantes para usted, de repente dejan de ser una prioridad en tu vida.

Hay un precio que pagar por tener Su presencia. Cuando nuestra carne está cansada, incorporamos métodos humanos que traen rigidez y religiosidad en nuestra manera de acercarnos a Dios. Si queremos ver el avivamiento que Dios desea darnos, el cual revolucionará nuestras vidas y nuestras iglesias, debemos buscar, de una manera apasionada, Su Presencia manifestada en la intimidad con el Amante de nuestras almas. Nuestras iglesias modernas, dominadas por la tecnología, evitan la intimidad y, por lo tanto, consiguen esterilidad. Muchos de los complejos religiosos de varios millones de dólares están más desprovistos de la presencia de Dios que algunas de las pequeñas iglesias improvisadas en las montañas de Guatemala, donde muchas de las personas caminan por dos o más millas para llegar a nuestro servicio.

Desafortunadamente, gran parte de nuestra energía espiritual se dedica a programas y ministerios de la iglesia, los cuales se centran en una mentalidad de *"bendíceme, consuélame"*. Parece que siempre nos estamos enfocando en ministrar a la necesidad carnal de comodidad y de cómo prosperar financieramente, en lugar de concentrarnos en *"perderme"*, para poder ganarle y vivir en la intimidad y en su presencia manifiesta. Si queremos un avivamiento diario, debemos centrarnos en Dios en lugar de centrarnos en nosotros mismos.

Desarrolle una mentalidad de intimidad, sembrando semillas de intimidad todos los días, y gradualmente usted se sumergirá en Su Presencia, tan cerca del Señor que nada más podrá sustituirla. ¿Qué pasaría si usted pasara el día, repitiendo, "Jesús me ama" y lo hace durante un período de una semana? Estaría compartiendo con Él en un nivel diferente. Su corazón cambiaría. Usted podría citar las Escrituras o decirle: "Te amo". Estos momentos se acumularían y toda su vida se consumiría pensando en Dios. Antes de que se dé cuenta, sus deseos cambiarán, y usted deseará estar en el lugar de comunión con Él, deseándolo y necesitándolo de tal manera que si pierde ese momento de encuentro con Él, usted sentirá que se le parte el corazón porque lo extraña. Aprenda a relajarse en Su Presencia, con música instrumental, meditando en Su bondad. La intimidad no siempre tiene que ser verbal.

La relación profunda con Dios puede construirse sentándose tranquilamente con Él, reflexionando sobre su bondad y amor. Hable con Él naturalmente como si hablara con un amigo. Jesús caminó como hombre y construyó relaciones de la misma manera que lo hacemos hoy. Si usted pasa tiempo en la Palabra, Él le orientará y pondrá cosas en tu corazón.

Oírlo y escucharlo es muy importante. Recuerde, Él desea escuchar acerca de cada pensamiento, deseo y sueño que usted tenga. Él no quiere que usted guarde en su corazón o en sus pensamientos ninguna cosa que lo aleje de Él. Él no quiere que usted se cargue con un yugo que anhela llevar. *"Venid a mí los que estáis trabajados y cargados, y yo os haré descansar. Llevad mi yugo sobre vosotros, y aprended de mí, que soy manso y humilde de corazón; y hallaréis descanso para vuestras almas."* Mateo 11:28 y 29

Andrew Murray dijo: "¿Alguna vez ha pensado que es un privilegio maravilloso que cada día y hora del día todos tengamos la libertad de pedirle a Dios un encuentro con Él y escuchar lo que Él tiene que decir? Cristo vino del cielo para amarnos con el amor con que el Padre lo amó. Él sufrió y murió para ganar nuestros corazones a través de ese amor. Su amor no puede satisfacerse con nada menos que un amor profundo y personal de nuestra parte."

Jesús les dijo a sus discípulos a través de lo que enseñaba, que todo lo que hiciéramos tenía que girar en torno a la intimidad con Él. Jesús fue el ejemplo perfecto mientras modelaba esa verdad. Jesús dijo en Juan 14:10 *"El Padre que mora en mí es el que obra."*. Jesús tuvo una relación duradera, una comunicación constante con el Padre, mostrando a sus discípulos que la intimidad con el Padre era la clave de todo lo que hacía. Sin embargo, esto no es una especie de embriaguez emocional. Si queremos permanecer en Él debemos obedecer Su Palabra, de lo contrario no podemos tener una relación genuina.

La intimidad se deriva de una relación genuina de confianza y obediencia. Creo que no conocemos a Dios como se supone que debiéramos, puesto que no vemos que suceden cosas grandes y poderosas en la iglesia.

La intimidad ayuda a mantener la unción. Dios desea una relación de amor con nosotros. Dios tiene un poder espiritual profundo y sólo usted puede determinar cuánto de esa profundidad desea alcanzar. Cuanto más profundamente lo conozca, más plenamente podrá usted revelárselo a otros.

¡EN SU PRESENCIA LO TENEMOS TODO!

CAPÍTULO 5

AVIVAMIENTO – EL BESO DE DIOS

"De más estima es el buen nombre que las muchas riquezas, y la buena fama más que la plata y el oro."

Proverbios 22:1

S i Dios puede confiar en usted, tiene Su favor, y si tiene Su favor, tiene acceso.

Cuando el rostro de Dios brilla sobre usted, Él le extiende su favor, o como me gusta decir a mí, *el beso de Dios.*

Después de que Dios cambió dramáticamente mi vida y mi ministerio en el Renacimiento de Brownsville y me enseñó acerca de la intimidad como puerta de entrada a Su Presencia, sentí el favor de Dios en mi vida, y sentí como si fuera un "beso de Dios" para mí. Dios comenzó a abrir puertas de oportunidades y me abrió puertas que antes no existían. Entonces fue cuando me enseñó lo siguiente: *"Si Dios puede confiar en mí, tengo Su favor, y si tengo Su favor, entonces tengo acceso"*. Comencé a ver Su bendición en todas las áreas de mi vida. Hiciera lo que hiciera y fuera donde fuera, Dios extendía Su favor para que las cosas sucedieran de manera sobrenatural. Así fue que comencé a caminar por un terreno al que no estaba acostumbrada antes. Sin embargo, Dios me recordó que siempre le diera toda la gloria y el honor, y que no me enorgulleciera por eso.

La palabra "favor" en hebreo es *"l'hon"*, significa *perdonar*. Cuando usted le extiende *"l'hon"* a alguien, es como favorecer a un prisionero cancelándole su condena. Hemos recibido el favor de Dios, y Él ha cancelado nuestra condena. Él pagó el precio, y sufrió en nuestro lugar. Por lo tanto, cada hijo de Dios es favorecido por Dios. Para mí, este era un nuevo nivel de favor, ya que entendí la intimidad con el Espíritu Santo, y comencé a practicarla diariamente.

"Y se le apareció Jehová aquella noche, y le dijo: Yo soy el Dios de Abraham tu padre; no temas, porque yo estoy contigo, y yo bendeciré y multiplicaré tu descendencia por amor de Abraham mi siervo." Génesis 26:24

La bendición siempre va de la mano con el favor. Cuando el favor de Dios esté en nuestras vidas, sucederán cosas maravillosas. El favor nos llevará a donde nada más nos puede llevar. En el Avivamiento que tan poderosamente bendijo mi vida, el favor abrió puertas y estableció relaciones. Con el favor, Dios me dio una autoridad que Dios ha usado para bendecir mi ministerio y el trabajo misionero que estoy haciendo. Cuando promuevo la visión de nuestro trabajo en la construcción del Centro de Avivamiento en Guatemala, Dios milagrosamente envía los fondos y me da el favor de las personas que quieren ayudarme.

Un buen ejemplo de lo que es *favor*, es la historia de Raquel y Jacob.

Jacob estaba enamorado de Raquel y le dijo a Labán, el padre: ***"Trabajaré para ti siete años a cambio de tu hija menor, Raquel".*** Génesis 29:18 Raquel era una mujer hermosa y había impresionado e inspirado a Jacob. Este estuvo dispuesto a trabajar catorce años para conseguir la mujer que quería. Ella era muy hermosa, y Jacob estaba muy decidido a tenerla. Después de siete años trabajando, Labán le entregó un sustituto, Lea, su otra hija. Así que Jacob volvió a trabajar otros siete años para Rachel. Raquel, a pesar de su belleza, se sentía frustrada porque se daba cuenta que era hermosa pero no "favorecida". La belleza y el favor no son la misma cosa. La Biblia cuenta que al ver cómo Lea era despreciada, Dios la amó, la bendijo y la favoreció. Él la compensó, porque Dios tiene una manera de compensarnos cuando la gente nos desprecia.

Lea fue bendecida porque descubrió que el favor no tiene nada que ver con la belleza. Y, en consecuencia, entró en una tal dimensión de favor que acomplejó a la preciosa y exquisita Rachel. Cuando Rachel se sintió intimidada por Lea, clamó Dios: ***"Señor, dame un hijo, o me muero"***. El Señor estaba bendiciendo tan grandemente a Lea, que Raquel quería ser bendecida como ella. La Biblia dice que cuando Raquel encontró gracia a los ojos del Señor, quedó milagrosamente embarazada. Dios abrió su matriz, y le dio un hijo llamado José. El favor de Dios hizo que en esa matriz estéril, José saltara por el favor de Dios. Eso es *el beso de dios*.

Un niño favorito tiene favor y recibe un trato preferencial. Un niño favorito tiene acceso y va a lugares donde otros no pueden ir. Él maneja el auto de su padre porque tiene favor, mientras que el padre paga la factura. Esto es lo que quiere decir el Señor cuando Él nos da favores sin que los tengamos que pagar.

Dios nos besa con favores, alguien más hace el trabajo, pero nosotros recibimos la bendición. ⊠ *te daría, en ciudades grandes y buenas que tú no edificaste, casas llenas de todo bien, que tú no llenaste, y cisternas cavadas que tú no cavaste, viñas y olivares que tú no plantaste, luego comas y te sacies.*⊠ Deuteronomio 10b-11 Así puede Dios mandarlo a usted a un campo que otro ha sembrado, y bendecirlo a manos llenas.

El favor también conlleva persecución y malentendidos, y es la causa de por qué Dios necesita poder confiarle el favor. El favor requiere responsabilidad. Cuando las personas resienten el favor que Dios le ha dado a usted, se vuelven disruptivas y lo criticonas, es importante que usted las vea como inmaduras; esa es su responsabilidad porque por eso Dios lo ha favorecido a usted. Si Dios puede confiar en usted Su favor, entonces se comportará correctamente, incluso en medio de la controversia. A medida que crezca el favor, usted ya no dependerá tanto de la aprobación de los demás. Antes de Dios revelar el favor que tiene para usted, Él debe apartarlo de todo lo que significaba su sistema de apoyo hasta ahora. Con el tiempo aprenderá que si tiene el favor de Dios, nadie podrá hacerle nada, sino que lo convertirá en un testimonio para la gloria de Dios.

El favor y la intimidad están conectados de manera única, como vemos con Juan y la relación especial que tuvo con Jesús. Los teólogos creen que Juan era el carga maletas de Jesús o el ayudante. Él fue quien prestó más atención a su persona, mientras que otros prestaron mayor atención a Sus propósitos. En otras palabras, Jesús tenía un *"siervo especial"*, un asistente en su ministerio que estaba comprometido a hacer que todo marchara bien para Jesús, preparándole el camino.

Hay varios pasajes de las Escrituras que se refieren al **"discípulo a quien Jesús amaba"**, lo que indica una relación especial e íntima. Un buen ejemplo es al pie de la cruz; Juan escuchó a Jesús decir a su madre: ***"Mujer, mira a tu hijo".*** Y luego le dijo a Juan: ***"He aquí tu madre".***

La bendición siempre va de la mano con el favor. Para ser bendecido por alguien, uno debe primeramente de favorecido por esa persona. ¡Puedes reconocer el favor por la bendición! Busque al Señor, tómese un tiempo para recostarse en Su pecho y se encontrará altamente favorecido.

¡EN SU PRESENCIA LO TENEMOS TODO!

ACERCA DE MI ASOCIADA

Rev. Lois W. Dietrich

Lois ha sido Asociada de Ministerios Holly Noe por 30 anos. Ella es licenciada con las Asambleas de Dios Ella tuvo una carrera muy exitosa como maestra de primaria. Recibió su licenciatura BS a Cedar Crest College. Lois ayuda en el ministerio con Rev. Noe, especialmente en el altar y el ministerio personal a los que vienen para la oración. Ella también ayuda Holly cualquier área personalmente donde ella necesita ayuda. Ella la ha acompañado en viajes de ministerio a 15 países ya través de los Estados Unidos.

Por Dra. Holly L. Noe

MINISTERIOS HOLLY NOE- DATOS IMPORTANTE

Acerca de Ministerios Holly Noe

– Ministerios Holly Noe está disponible para llevar acabo:

1. cruzadas de Fuego y Gloria

2. servicios especiales

3. ensenar misiones

4. servicios especiales misionera

5. viajes misionera para apoyar nuestra obra misionera con e fin de

Ensenar, discipular grupo y ayudarles encontrar su lugar en el Reino de Dios, con participación en los siguientes ministerios de Benevolencia, servicios aire libre, escuelas, cruzadas, ayudar en plantar iglesias o misiones y mucho mas.

INFORMACIÓN DEL CONTACTO

Oficina 732-252-8502

Celular 732-239-3656

Website- www.fanningtheflame.org

Facebook – www. Facebook.com Holly Noe

Ministries

Holly Noe

LO TENEMOS TODO

La Dra. Holly L. Noe celebra 50 años de ministerio mientras escribe sobre la Presencia de Dios, el tema que es la pasión de su corazón por la iglesia, después de haber recibido un encuentro sobrenatural con el Espíritu Santo y una nueva impartición del fuego de Dios en el avivamiento de Brownsville hace muchos años. La autora alienta, desafía y enseña en un estilo devocional. Ella es muy transparente al compartir su trayectoria para recibir el ministerio dinámico y poderosamente ungido que tiene hoy en los Estados Unidos y en Guatemala, donde se ha incendiado una iglesia que está creciendo sobrenaturalmente con señales y maravillas, lo que requiere la construcción del Centro de Avivamiento con

2500 asientos. Su entusiasmo es contagioso cuando comparte sus victorias en el ministerio, y el precio de la unción a través del sufrimiento y abnegación. La Reverenda Dr. Holly L. Noe le da a Dios toda la gloria y honra a cada paso del camino por todas las obras maravillosas de Dios, al celebrar su aniversario.

En la Parte I, la autora presenta los principios para ingresar al Portal de Su Presencia a través de la Adoración. En la Parte II, establece el campo de batalla y la bendición de la victoria en su presencia, y en la Parte III, presenta algunos principios para el avivamiento en Su Presencia. El lector sentirá la unción del Espíritu Santo y se enfrentará a un desafío de buscar Su presencia y prepararse para el avivamiento en su propio corazón e iglesia, ya que la autora describe con franqueza por qué la iglesia necesita el avivamiento.

ACERCA DE LA AUTORA

La Rev. Dra. Holly L. Noe es fundadora y Presidenta de los Ministerios Holly Noe; tiene un Doctorado en Teología, y es Ministro ordenada con las Asambleas de Dios. Ella ha viajado por los Estados Unidos y muchos otros países. Tiene un ardiente deseo por ver la iglesia moderna, experimentar la Presencia Manifiesta de Dios que conduzca a un nuevo encuentro con el Espíritu Santo. Siente un amor profundo para las misiones y quiere impartirlo a otros. Su Ministerio despierta hambre por un avivamiento en las vidas que la escuchan.

"Making your book dream come true without robbing you!"

www.deeperlifepress.com

Made in the USA
Middletown, DE
17 September 2022